Danuta Malota

Sprachkurs Polnisch

Schnell & intensiv

Übungsbuch

Hueber Verlag

3. 2. 1. | Die letzten Ziffern
2017 16 15 14 13 | bezeichnen Zahl und Jahr des Druckes.
Alle Drucke dieser Auflage können, da unverändert, nebeneinander benutzt werden.
1. Auflage

Umschlaggestaltung: creative partners gmbh, München
Umschlagfotos: Danzig © Pitopia/harald, Pfeife © Thinkstock/iStockphoto
Redaktion: Jürgen Frank, Hueber Verlag, Ismaning
Layout: Cihan Nawaz, Hueber Verlag, Ismaning
Satz: Sieveking · Verlagsservice, München
Druck und Bindung: APPL, aprinta druck, Wemding
Printed in Germany
ISBN 978-3-19-007000-8 (Package)
01.7000 (Buch)

Inhalt

Witam! (Willkommen!) Sie haben eine gute Wahl getroffen: Mit dem **Sprachkurs Polnisch** können Sie auf unterhaltsame Weise Grundkenntnisse des Polnischen erwerben. Bitte lesen Sie sich diese Einleitung aufmerksam durch, denn Sie erhalten wichtige Hinweise zur Benutzung des Kurses sowie eine detaillierte Beschreibung des Lektionsaufbaus.

Hinweise zur Benutzung des Kurses

Da Ihnen kein(e) Lehrer(in) zur Verfügung steht, sollten Sie alle Hilfsmittel nutzen, die Ihnen das Buch und die CDs bieten. Ein Inhaltsverzeichnis mit den Lernzielen jeder Lektion finden Sie auf den Seiten 3–5. Bitte lesen Sie sich die entsprechenden Angaben durch, bevor Sie eine neue Lektion beginnen. Im Anhang finden Sie die Lösungen der schriftlichen Übungen, den Text der CD-Übungen sowie ein alphabetisches Wörterverzeichnis.

Bitte arbeiten Sie die Lektionen der Reihe nach durch, da sie aufeinander aufbauen. Die Sprachaufnahmen folgen genau den einzelnen Schritten im Buch. Wo Sie das Piktogramm finden, sollen Sie mit der CD arbeiten. Im Piktogramm stehen jeweils zwei Zahlen: Die erste gibt an, um welche der drei CDs es sich handelt, die zweite den Track, den Sie ansteuern können.

Ein Selbstlernkurs gibt Ihnen die Möglichkeit, Tempo, Rhythmus und Intensität des Lernprozesses selbst zu gestalten. Versuchen Sie daher, Ihre eigene Lernstrategie zu entwickeln. Sie kennen sich selbst am besten und wissen, ob Ihnen das Lernen z. B. morgens oder abends leichter fällt. Bedenken Sie aber, dass es sinnvoller ist, öfter und in kurzen Lernperioden zu arbeiten, statt einmal im Monat einen Lerntag einzulegen.

Hören Sie sich so oft wie möglich die CDs an. Wiederholen Sie auch die Lektionen, die Sie bereits bearbeitet haben. Dadurch wird das Gelernte vertieft und Ihr Ohr gewöhnt sich schneller an die fremde Sprache. Das kommt auch Ihrer Aussprache zugute. Versuchen Sie, das von Ihnen Gesprochene aufzunehmen und vergleichen Sie es kritisch mit der Sprecheraufnahme.

Finden Sie heraus, wie Sie am besten Vokabeln lernen. Sie können sich selbst testen, indem Sie die deutsche Übersetzung des Wortschatzes am Ende jeder Lektion abdecken. Sie können es auch umgekehrt machen und aus dem Deutschen ins Polnische übersetzen, obwohl Ihnen das wahrscheinlich schwerer fallen wird.

Lektionsaufbau

Jede Lektion (*Lekcja*) besteht aus den folgenden Teilen:

- ***Rozmowy* (Dialoge)**
  Polnische Lehrdialoge
  Deutsche Übersetzung
  Teraz Pan/Pani („Jetzt sind Sie dran" – Übungsdialoge)
  Erläuterungen zu Grammatik, Wortschatz und Landeskunde
- ***Gramatyka* (Grammatik)**
  Tabellen, Regeln und Beispiele
- ***Ćwiczenia* (Übungen)**
  Ćwiczenia pisemne (Schriftliche Übungen)
  Ćwiczenia z CD (CD-Übungen)

- ***Ważne słówka i zwroty* (Wichtige Vokabeln und Redewendungen)**
  Zusammenfassung wichtiger Wörter und Redewendungen der Lektion
  Zusätzlicher Wortschatz

Rozmowy (Dialoge)

Jede Lektion besteht aus drei Dialogen. Diese bilden mit den Übungsdialogen (*Teraz Pan/Pani*) sowie den Erläuterungen zu Grammatik, Wortschatz und Landeskunde den ersten Teil einer Lektion.

Sämtliche Dialoge können Sie auf der CD hören und im Buch auf Polnisch und in der deutschen Übersetzung mitverfolgen. Nach den Erläuterungen zu einem Dialog folgen in der Regel zwei Übungsdialoge, die ebenfalls auf CD aufgenommen sind. Der Sinn dieser Übungen ist es, eine wichtige in den Dialogen vorkommende Wendung zu trainieren, indem Sie selbst einen Teil des Dialogs sprechen. Nachdem Sie gesprochen haben, hören Sie die Lösung von einer Sprecherin oder einem Sprecher zur Kontrolle. Sie finden im Buch und auf der CD immer zunächst ein Beispiel. Der Teil, den Sie sprechen sollen, ist im Buch mit einem ▶ markiert. Neben dem Beispieldialog finden Sie Angaben, mit denen Sie die von Ihnen zu sprechenden Wendungen abändern sollen (was abzuändern ist, ist im Beispieldialog jeweils unterstrichen). Den vollständigen Text der Übungsdialoge finden Sie im Anhang. Was Sie sagen sollen, ist auch dort mit einem ▶ gekennzeichnet.

Bitte hören Sie sich jeden Dialog mindestens drei Mal an:

- das erste Mal, ohne ins Buch zu schauen; versuchen Sie dabei, möglichst viel mithilfe Ihres Vorwissens zu verstehen;
- das zweite Mal, indem Sie den polnischen Text im Buch mitlesen;
- das dritte Mal, nachdem Sie sich vorher die deutsche Übersetzung durchgelesen haben.

Gramatyka (Grammatik)

Jede Lektion enthält einen Grammatikteil mit Übersichten, Regeln und Beispielen.

Ćwiczenia (Übungen)

- *Ćwiczenia pisemne* (schriftliche Übungen) zur Festigung der Grammatik; die Lösungen finden Sie im Anhang.
- *Ćwiczenia z CD* (CD-Übungen) in Form von Verständnis- und Sprechübungen, in denen Sie das Gelernte in die Praxis umsetzen sollen. Auch diese Übungen sind wieder im Anhang abgedruckt.

Ważne słówka i zwroty (Wichtige Vokabeln und Redewendungen)

Der Wortschatz bildet die letzte Einheit einer Lektion. Hier finden Sie zweispaltig angeordnet zum besseren Lernen die wichtigsten Wörter und Redewendungen der Lektion thematisch gegliedert und ins Deutsche übersetzt sowie weiteren Wortschatz zum Thema der Lektion.

Und nun wünschen wir Ihnen viel Spaß und *dużo sukcesów!* (viel Erfolg!) mit dem **Sprachkurs Polnisch**.
Autorin und Verlag

Lekcja 1

Dzień dobry!

Rozmowa 1

1|1

Mateusz ▲ stellt Michał ● auf einer Party in Kraków seine Freundin Christiane ◆ vor.

● Cześć Mateusz!
▲ Dzień dobry! To jest Christiane Rank. Christiane jest z Niemiec, z Monachium.
● Witam! Nazywam się Michał.
◆ Cześć! Miło mi.

● Hallo, Mateusz!
▲ Guten Tag! Das ist Christiane Rank. Christiane ist aus Deutschland, aus München.
● Grüß dich, ich heiße Michał.
◆ Hallo! Angenehm.

Begrüßung

Die Begrüßung *dzień dobry* (guten Morgen/guten Tag) kann den ganzen Tag über sowohl in formellen als auch in informellen Situationen verwendet werden. Am Abend sagt man *dobry wieczór*, was dem deutschen „guten Abend“ entspricht. Unter Freunden wird sehr oft *cześć, witam* oder *hej* (hallo, servus, grüß dich) verwendet, wobei *witam* auch für Personen benutzt wird, die man siezt.

Sich und andere vorstellen und darauf reagieren

Auf Polnisch stellt man sich entweder mit *Jestem* ... (Ich bin ...) oder *Nazywam się* ... (Ich heiße ...) vor. Jemand anderen stellt man mit *To jest* ... (Das ist ...) vor. Wird man jemandem vorgestellt, sagt man: *Bardzo mi miło*. (Sehr angenehm.), *Miło mi*. (Angenehm.) oder *Miło mi cię poznać*. (Nett, dich kennenzulernen.)

To

To (das, es) wird besonders in der Umgangssprache sehr oft gebraucht: *To jest Christiane*. (Das ist Christiane.) Man kann *jest* sogar weglassen: *To Christiane*.

Die Präposition *z*

Die Präposition *z* (hier: „aus") wird zur Angabe der Herkunft gebraucht. In diesem Zusammenhang steht das Substantiv im Genitiv: *z Niem**lec*** (aus Deutschland), *z Polsk**i*** (aus Polen), *z Berlin**a*** (aus Berlin), *z Salzburg**a*** (aus Salzburg). Mehr dazu in *Lekcja 5*.

Das Alphabet

Das polnische Alphabet besteht aus 32 Buchstaben: *Aa Ąą Bb Cc Ćć Dd Ee Ęę Ff Gg Hh Ii Jj Kk Ll Łł Mm Nn Ńń Oo Óó Pp Rr Ss Śś Tt Uu Ww Yy Zz Źź Żż*. Die Buchstaben *q*, *v* und *x* kommen in der polnischen Sprache nicht vor.

Ausspracheübersicht

Die polnischen Vokale werden immer kurz ausgesprochen. Die Konsonanten *b, d, f, g, j, k, l, m, n, p* und *t* werden wie im Deutschen ausgesprochen.

Hören Sie zu und sprechen Sie nach. 1|2

a	kurz und offen wie „a" in „hatte"	*mama* (Mama)
ą	wird unterschiedlich ausgesprochen, oft nasal, etwa wie „on" in „Bonbon". Mehr dazu in *Lekcja 3*.	*są* (sie sind)
c	wie „z" in „Zelt"	*cytryna* (Zitrone)
ć, ci	ähnlich wie „tch" in „Törtchen", die Zunge befindet sich aber dicht am Gaumen	*być* (sein), *macie* (ihr habt)
e	kurz und offen wie „e" in „nett"	*kolega* (Kollege)
ę	wird unterschiedlich ausgesprochen, unter anderem auch nasal wie im französischen Wort „bassin". Mehr dazu in *Lekcja 3*.	*mięso* (Fleisch)
ch, h	wie „ch" in „Dach"	*chleb* (Brot), *hotel* (Hotel)
i	wie „i" in „wir"	*i* (und)
ł	wie „w" im englischen Wort „well"	*chłopak* (Junge)
ń, ni	wie „gn" im französischen Wort „Bretagne"	*dzień* (Tag), *nie* (nein)
o	kurz und offen wie „o" in „offen"	*Polska* (Polen)
u, ó	wie ein kurzes „u" in „Bus"	*Kraków* (Krakau), *ulica* (Straße)
r	gerolltes Zungenspitzen-r	*wieczór* (Abend)
s	wie „s" in „was", auch am Wortanfang und zwischen zwei Vokalen immer stimmlos	*sto* (hundert), *kasa* (Kasse)

ś, si	ähnlich wie „sch“, die Zunge befindet sich aber dicht am Gaumen	*coś* (etwas), *siedem* (sieben)
y	zwischen kurzem „i“ in „immer“ und kurzem „e“ in „Suppe“	*ty* (du)
w	entweder stimmhaft wie „w“ in „Wasser“ oder stimmlos wie „f“ in „Fenster“	*wieczór* (Abend) *wszystko* (alles)
z	entweder stimmhaft wie „s“ in „Sand“ oder stimmlos wie „ß“ in „Straße“	*nazywać się* (heißen) *teraz* (jetzt)
ź, zi	ähnlich wie *ś*, aber der hintere Zungenteil berührt den hinteren Gaumen	*źle* (schlecht), *zimno* (kalt)
ż, rz	entweder stimmhaft wie „g“ in „Etage“ oder stimmlos wie „sch“ in „schön“	*może* (vielleicht), *morze* (Meer) *przepraszam* (Entschuldigung)

Eine Ausspracheübersicht über die Buchstabenkombinationen *ch, ck, cz, dz, dż, drz, dź, dzi, eu* und *sz* finden Sie in *Lekcja 2*.

Betonung

1|3

Die polnischen Wörter werden in der Regel auf der vorletzten Silbe betont. Hören Sie sich die folgenden Wörter an und sprechen Sie sie nach:

*au**to**bus, te**le**fon, Bar**ba**ra, **ho**tel, **biu**ro, **pro**gram, **ba**nan, restau**ra**cja, ban**ko**mat, **ka**wa, konfe**ren**cja*

Teraz Pan/Pani

1|4–5

Hören Sie sich zuerst den Beispieldialog an und sprechen Sie dann selbst nach dem Muster, indem Sie die Angaben verwenden. Der von Ihnen zu sprechende Teil ist jeweils mit ▶ gekennzeichnet, der durch die Angaben zu ersetzende Teil ist unterstrichen.

a.

▶ Cześć Ania!
■ Cześć!

1. Ania
2. Majka
3. Ola
4. Hanka

b.

■ Witam, dzień dobry!
▶ Witam!

1. Witam!
2. Dzień dobry!
3. Cześć Klaudia!

Rozmowa 2 1|6

Marek ● und seine Freundin Claudia aus Österreich ● treffen Laura ◆ und ihren Freund Filip ▲ in einem Studentenclub.

● Cześć Laura, witam! Co słychać?	● Hallo Laura, grüß dich! Wie geht's?
◆ Wszystko dobrze, dziękuję. To jest mój chłopak Filip.	◆ Danke, gut. Das ist mein Freund Filip.
● Cześć Filip. Miło mi, Marek jestem, a to jest Claudia, moja dziewczyna.	● Hallo Filip! Angenehm, ich bin Marek, und das ist Claudia, meine Freundin.
● Cześć!	● Hallo!
◆ Miło mi cię poznać. Skąd jesteś?	◆ Schön, dich kennenzulernen. Woher kommst du denn?
● Z Austrii, z Salzburga.	● Aus Österreich, aus Salzburg.
▲ O, z Salzburga. Salzburg to bardzo ładne miasto.	▲ Ach, aus Salzburg. Salzburg ist eine schöne Stadt.
◆ No to na razie. Do zobaczenia, cześć!	◆ Also bis bald. Auf Wiedersehen, tschüss!
● Cześć! Miłego wieczoru!	● Ciao! Einen schönen Abend!

Nach dem Befinden fragen

Mit *Co słychać?* (Wie geht's?, wörtlich: Was hört man?) fragt man jemanden, den man gut kennt, nach dem Befinden. Die Antwort darauf lautet z. B. *wszystko dobrze* (gut, wörtlich: alles gut) oder *nic nowego* (wie immer/unverändert, wörtlich: nichts Neues).

Sich bedanken und darauf reagieren

Mit *dziękuję* (danke) bedankt man sich, die Reaktion darauf ist *proszę* (bitte, gern geschehen).

Freund und Freundin

Chłopak bedeutet sowohl „Junge“ als auch „fester Freund“, *dziewczyna* „Mädchen“ oder „feste Freundin“. Freund bzw. Freundin im Sinne von „Kamerad“ heißt dagegen *kolega* bzw. *koleżanka*.

Und

Das deutsche „und“ hat im Polnischen zwei Entsprechungen: *a* und *i*, wobei *a* in Gegenüberstellungen verwendet wird (fast wie das deutsche „aber“):

Filip jest z Polski, ***a*** *Laura jest z Niemiec.*	Filip ist aus Polen und Laura ist aus Deutschland.
Filip ***i*** *Ania są z Polski.*	Filip und Ania sind aus Polen.

Tak, no und *nie*

Tak bedeutet „ja“, in der Umgangssprache kann man auch *no* (wird kurz und offen ausgesprochen) oder *no tak* benutzen. *Nie* bedeutet „nein“ und „nicht“.

Sich verabschieden

In formellen und informellen Situationen sagt man *Do widzenia!* oder *Do zobaczenia!* (Auf Wiedersehen!), in informellen *Cześć!* (Tschüss!) oder *Na razie!* (Bis bald!). Weitere Floskeln sind: *Do jutra!* (Bis morgen!), *Miłego dnia!* (Einen schönen Tag!), *Miłego wieczoru!* (Einen schönen Abend!), *Miłego weekendu!* (Ein schönes Wochenende!), *Dobranoc!* (Gute Nacht!).

Teraz Pan/Pani 1|7–9

a.

■ Co słychać?
▶ Wszystko dobrze, dziękuję.

1. Wszystko dobrze, dziękuję.
2. Dziękuję, dobrze.
3. Cześć, nic nowego.

b.

■ Kto to jest?
▶ Mój chłopak Andrzej.
■ Miło mi.

1. Mój chłopak Andrzej.
2. To jest moja dziewczyna.
3. Moja koleżanka Ania.
4. Mój kolega Piotr.

c.

■ Do widzenia!
▶ Cześć, miłego weekendu!

1. Cześć, miłego weekendu!
2. Na razie, cześć!
3. Do widzenia, miłego dnia!
4. Do zobaczenia, do jutra!
5. Miłego wieczoru, cześć!

Rozmowa 3 1|10

Herr Nowak ● stellt in einer Warschauer Bank Frau Bauer ● und Herrn Woźniak ◆ einander vor.

- ● Dzień dobry! To jest pani Irene Bauer, a to jest Józef Woźniak, nasz dyrektor.
- ◆ Bardzo mi miło. Witam w Warszawie.
- ● Dzień dobry! Przepraszam, jak się pan nazywa?
- ◆ Józef Woźniak.

- ● Guten Tag! Das ist Frau Irene Bauer und das ist Józef Woźniak, unser Direktor.
- ◆ Sehr angenehm. Willkommen in Warschau.
- ● Guten Tag! Entschuldigung, wie heißen Sie?
- ◆ Józef Woźniak.

Höfliche Anrede

Die Anrede für einen Herrn ist *pan* (Herr), zu einer Dame sagt man *pani* (Frau). Wenn man Männer und Frauen anspricht, z. B. ein Ehepaar, verwendet man das Wort *państwo*. Spricht man mehrere Herren an, benutzt man *panowie*. Mehrere Damen dagegen redet man mit *panie* an. Diese Anredeformen verwendet man auch für das deutsche „Sie":

Jak się ***pan/pani*** *nazywa?* Wie heißen Sie?

BEGRÜSSUNG

Wenn man sich mit jemandem trifft, schüttelt man sich üblicherweise die Hände. Im Privatleben wird der Handschlag unter Männern viel öfter praktiziert als bei Frauen. Bei herzlicher Begrüßung, z. B. unter Familienmitgliedern, küsst man sich häufig dreimal auf die Wange. Der „berühmte" Handkuss verliert immer mehr an Popularität. Eine Dame, die sich in Begleitung von Herren befindet, wird immer zuerst begrüßt. Die Anrede mit dem Wort *pan/pani* plus Vorname ist sehr beliebt. Allerdings stehen sowohl die Wörter *pan/pani* als auch die Vornamen im Vokativ: *Witam pani Hanko! Dzień dobry panie Andrzeju!* *(→ Lekcja 10)* Der Nachname wird bei der Anrede nicht benutzt.

Przepraszam

Przepraszam (Entschuldigung, wörtlich: ich entschuldige mich) sagt man, wenn man sich entschuldigt oder jemanden anspricht. Achten Sie besonders auf die Aussprache von *rz*. Dieser Laut wird hier wie das deutsche „sch" ausgesprochen.

Teraz Pan/Pani 1|11–13

a.

■ Witam! Jestem Jan Nowak.
▶ Bardzo mi miło, Zofia Król.

1. Bardzo mi miło, Zofia Król.
2. Miło mi, Tomasz Duda.

b.

■ Dobry wieczór! To pani Alicja Wieczorek.
▶ Przepraszam, jak się pani nazywa?

1. Przepraszam, jak się pani nazywa?
2. Przepraszam, kto to jest?

c.

■ Kto to jest?
▶ Nasz dyrektor.

1. Nasz dyrektor.
2. Pani Mazur.
3. Pan Kowalski.

Gramatyka

1 Die Personalpronomen und die Verben *być* (sein) und *nazywać się* (heißen) – Präsens

	być	**sein**
(ja)	*jestem*	ich bin
(ty)	*jesteś*	du bist
on, ona, ono/pan, pani	*jest*	er, sie, es ist/Sie sind
(my)	*jesteśmy*	wir sind
(wy)	*jesteście*	ihr seid
oni, one/państwo	*są*	sie sind/Sie sind
	nazywać się	**heißen**
(ja)	*nazyw**am** się*	ich heiße
(ty)	*nazyw**asz** się*	du heißt
on, ona, ono/pan, pani	*nazywa się*	er, sie, es heißt/Sie heißen
(my)	*nazyw**amy** się*	wir heißen
(wy)	*nazyw**acie** się*	ihr heißt
oni, one/państwo	*nazyw**ają** się*	sie heißen/Sie heißen

Die Personalpronomen für die 1. (ich, wir) und 2. Person (du, ihr) werden nur dann verwendet, wenn sie betont werden sollen. An der Endung des Verbs erkennt man eindeutig, welche Person gemeint ist.

- ■ *Cześć Ania!* — Hallo, Ania!
- ▶ ***Ja** nie jestem Ania, **ja** nazywam się Irena.* — Ich bin nicht Ania, ich heiße Irena.

In der 3. Person Plural unterscheidet man *oni* für männliche Personen und für Gruppen mit mindestens einem Mann (= Personalform) und *one* für alle anderen Substantive (= Sachform). Die Sachform bezeichnet also alle Feminina, alle Neutra und alle Maskulina, die keine männlichen Personen bezeichnen.

Der deutschen Höflichkeitsform „Sie" entspricht im Polnischen die 3. Person Singular *(pan/pani)*, wenn man eine Person anspricht, und die 3. Person Plural *(państwo)*, wenn man mehrere Personen anspricht.

Nazywać się heißt wörtlich „sich nennen". Das Reflexivpronomen *się* bleibt immer gleich und kann vor oder nach dem Verb stehen.

2 Das Geschlecht der Substantive

Im Polnischen gibt es keine Artikel. Das Geschlecht der Substantive erkennt man an der Endung im Nominativ Singular. Maskulina enden im Nominativ Singular meistens auf einen Konsonanten: *pan* (Herr), *dzień* (Tag). Einige männliche Substantive haben die Endung *-a*: *kolega* (Kollege). Feminina enden auf *-a* oder *-i*, selten auf *-ść* oder *-c*: *dziewczyna* (Mädchen), *pani* (Frau), *miejscowość* (Ortschaft), *noc* (Nacht). Neutra enden auf *-o*, *-e*, *-ę* und *-um*: *biuro* (Büro), *centrum* (Zentrum).

3 Possessivpronomen – Nominativ Singular

Die Possessivpronomen für die 1. und 2. Person werden an das Geschlecht der Substantive angepasst. Für die 3. Person sind die Pronomen für alle Geschlechter der Substantive gleich.

Person	***ja* (ich)**	***ty* (du)**		***on/ono* (er/es)**	***ona* (sie Singular)**	
maskulin	*mój* (mein)	*twój* (dein)	*hotel*	*jego* (sein)	*jej* (ihr)	*hotel, mama, auto*
feminin	*moj**a*** (meine)	*twoj**a*** (deine)	*mama*	*jego* (seine)	*jej* (ihre)	*hotel, mama, auto*
neutral	*moj**e*** (mein)	*twoj**e*** (dein)	*auto*	*jego* (sein)	*jej* (ihr)	*hotel, mama, auto*
	***my* (wir)**	***wy* (ihr)**		***oni, one* (sie Plural)**		
maskulin	*nasz* (unser)	*wasz* (euer)	*hotel*	*ich* (ihr)		*hotel, mama, auto*
feminin	*nasz**a*** (unsere)	*wasz**a*** (eure)	*mama*	*ich* (ihre)		*hotel, mama, auto*
neutral	*nasz**e*** (unser)	*wasz**e*** (euer)	*auto*	*ich* (ihr)		*hotel, mama, auto*

4 Satzbau

In vielen polnischen Aussagesätzen und Fragesätzen ohne Fragewort stehen Subjekt und Prädikat am Satzanfang: *On jest z Niemiec.* (Er ist aus Deutschland.) *On jest z Niemiec?* (Ist er aus Deutschland?) Ob es sich um eine Aussage oder um eine Frage handelt, kann man beim Lesen nur am Punkt bzw. Fragezeichen am Satzende und beim Hören nur an der Satzmelodie (Anheben der Stimme am Satzende) erkennen.

Ćwiczenia

Ćwiczenia pisemne

1. Welches Geschlecht haben die folgenden Substantive? (m = maskulin, f = feminin, n = neutral)

hotel	*m*	pani	f	wieczór	m	cytryna	f
dzień	m	Kraków	m	banan	m	Warszawa	f
biuro	n	chleb	m	telefon	m	morze	n
autobus	m	ulica	f	centrum	n	Wrocław	m
Polska	f	kawa	f	koleżanka	f	Szczecin	m
chłopak	m	miasto	n	dyrektor	m		
dziewczyna	f	Monachium	n	pan	m		

2. Ergänzen Sie die passende Form von *być* oder *nazywać się*.

a. Dobry wieczór! Nazywam się Natalia.
b. Witam, jestem Kamil.
c. Cześć, jak się nazywasz? – Mateusz.
d. Jak oni się nazywają? – Filip i Michał.
e. Skąd jest pan Woźniak? – Z Warszawy.
f. Co to jest? To jest bankomat.
g. Kto to jest? – Pani Nowak.

3. Welche polnischen Städte sind in dem Silbensalat versteckt und wo liegen sie? Tragen Sie sie in die Karte ein.

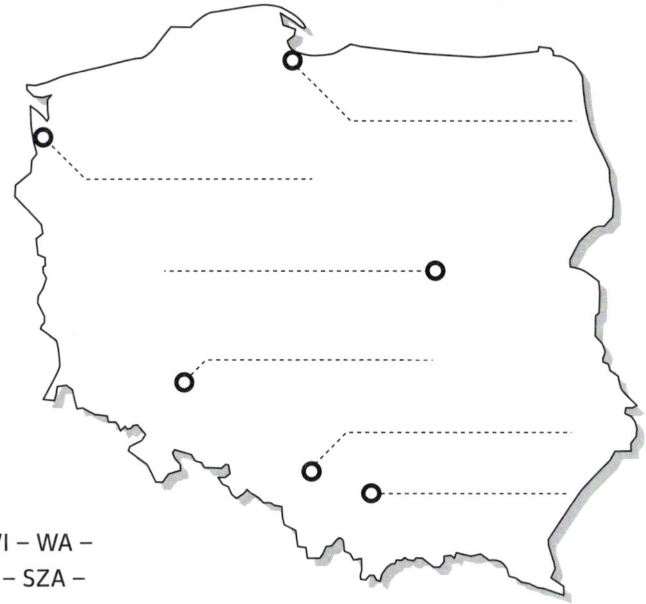

POT – KA – SZCZE – WRO – WI – WA –
WAR – TO – CŁAW – KRA – CE – SZA –
CIN – KÓW – SO

4. Wie heißt das Gegenteil?

a. proszę dziękuję
b. kolega koleżanka ~~dziewczyna~~
c. Dzień dobry! Do widzenia!
d. chłopak dziewczyna
e. pan pani
f. tak nie

5. Was passt zusammen? Verbinden Sie die beiden Spalten.

a. Dobry wieczór!
b. Kto to jest?
c. Co słychać?
d. Do widzenia!
e. Skąd pan jest?
f. Jestem Piotr Nowak.

1. Wszystko dobrze, dziękuję.
2. Bardzo mi miło.
3. Z Berlina.
4. Cześć, do jutra!
5. Witam!
6. Ania.

6. Ergänzen Sie die Personalpronomen.

a. pan Woźniak *on*
b. ty i ja my
c. Michał i Marek oni
d. moja koleżanka ona
e. pani i pan Bauer państwo oni
f. Klaudia i Natalia one
g. Ania i Filip państwo oni
h. mój chłopak on

7. Setzen Sie die richtigen Possessivpronomen ein.

a. ja, ty, on/ona

moja, twoja, jego/jej	kawa
mój, twój, jego, jej	chłopak
moje, twoje, jego/jej	biuro
mój	telefon
moje	auto
moja	dziewczyna

b. my, wy, oni/one

nasz, wasz, ich	dyrektor
"	autobus
"	hotel
"	kolega
nasza, wasza, ich	koleżanka
nasze, wasze, ich	biuro

8. Wie lauten die Fragen zu den vorgegebenen Antworten? Benutzen Sie die Fragewörter *co?*, *kto?*, *skąd?* oder *jak?*.

a. Kto to jest? – Nasz dyrektor.
b. Co to jest? – Telefon.
c. Jak ona się nazywa? Monika.
d. Skąd jest Claudia? – Z Austrii.

9. *A* oder *i*? Bitte ergänzen Sie.

a. Monika i Klaus są z Austrii.
b. Chistiane jest z Niemiec, a Filip jest z Polski.
c. To jest Wrocław, a to Warszawa.
d. To jest moja dziewczyna, a to jest mój kolega.
e. Pan Mazur i pani Duda są z Krakowa.

Ćwiczenia z CD

1. Hören Sie zu, sprechen Sie nach und markieren Sie die Betonung. 1|14

a. Berlin – Warszawa – Katowice – Monachium – Norymberga – Wiedeń – Kraków

b. banan – telefon – hotel – biuro – program – autobus – restauracja – przepraszam – dziewczyna – nazywam się – dobranoc – chłopak – kolega – dziękuję – ulica – proszę

c. Barbara – Andrzej – Alicja – Zofia – Ania – Mikołaj – Natalia – Mateusz – Irena

2. Stellen Sie die folgenden Personen vor und sagen Sie, dass sie aus den angegebenen Orten sind. Hören Sie danach die Lösung. 1|15

a. Michael – Deutschland
To jest Michael. Michael jest z Niemiec.

b. Frau Bauer – Berlin

c. Meine (feste) Freundin Claudia – München

d. Herr Mayer – Salzburg

3. Sprechen Sie die folgenden Aussagesätze als Fragen aus. Hören Sie danach die Lösung. 1|16

a. To jest Warszawa.

b. To jest nasz hotel.

c. On nazywa się Patryk.

d. Gudrun jest z Niemiec.

e. To jest jej koleżanka.

f. Jego dziewczyna jest z Salzburga.

4. Hören Sie zu und ergänzen Sie den Text. 1|17

Moja koleżanka ______ Paulina, ______ jej chłopak nazywa się Andrzej.
Andrzej ______ z Wrocławia. ______ kolega jest z Katowic i nazywa się Piotr.
A jak ______ się nazywasz i ______ jesteś?

5. Hören Sie den folgenden Zweizeiler, ergänzen Sie ihn und lernen Sie ihn auswendig. 1|18

______, dziękuję, przepraszam.
Dzień dobry! Zapraszam!*

6. Arbeiten Sie nun die weiteren mündlichen Übungen auf der CD durch. 1|19

* zapraszam = ich lade ein

Ważne słówka i zwroty

Begrüßung

Dzień dobry!	Guten Morgen!/Guten Tag!
Dobry wieczór!	Guten Abend!
Witam!	Grüß dich!/Grüße Sie!/Hallo!/Servus!
Cześć!/Hej!	Grüß dich!/Hallo!/Servus!

Nach dem Namen Fragen

Jak się pan/pani nazywa?	Wie heißen Sie?
Jak się nazywasz?	Wie heißt du?

Sich und andere vorstellen und darauf reagieren

Jestem ...	Ich bin ...
Nazywam się ...	Ich heiße ...
To jest ...	Das ist ...
Miło mi./Bardzo mi miło.	Angenehm./Sehr angenehm.
Miło mi cię poznać.	Nett, dich kennenzulernen.

Sich verabschieden

Do widzenia!	Auf Wiedersehen!
Do zobaczenia!	Auf Wiedersehen!
Do jutra!	Bis morgen!
Na razie!	Bis bald!
Dobranoc!	Gute Nacht!
Cześć!	Tschüss!/Ciao!
Miłego weekendu!	Ein schönes Wochenende!

Nach dem Befinden fragen und darauf antworten

Co słychać?	Wie geht's?
Wszystko dobrze.	(Mir geht's) gut.
Nic nowego.	Wie immer./Nichts Neues.

Weitere Wendungen

Przepraszam.	Entschuldigung.
Co to jest?	Was ist das?
Kto to jest?	Wer ist das?
Dziękuję.	Danke.
Proszę.	Bitte./Gern geschehen.

Lekcja 2

Przepraszam, gdzie jest ...?

Rozmowa 1 1|20

Peter ▲ fragt einen Passanten ◆, wo die Altstadt ist.

▲ Przepraszam, gdzie jest Stare Miasto?	▲ Entschuldigen Sie, wo ist die Altstadt?
◆ Stare Miasto jest tam. Proszę iść cały czas prosto, a potem w lewo.	◆ Die Altstadt ist dort. Gehen Sie einfach die ganze Zeit geradeaus und dann nach links.
▲ Rozumiem, prosto i w lewo. Czy to daleko?	▲ Ich verstehe, geradeaus und nach links. Ist es weit?
◆ Nie, to niedaleko, chyba pięć, może dziesięć minut.	◆ Nein, es ist nicht weit, vielleicht fünf, (vielleicht) zehn Minuten.
▲ Dziękuję.	▲ Danke.

Fragen, wo sich etwas befindet

Mit dem Fragewort *gdzie?* (wo?) fragt man, wo sich etwas/jemand befindet:

Gdzie są Sukiennice?	Wo sind die Tuchhallen?
Gdzie jest pani Ewa?	Wo ist Frau Ewa?

Die in den Antworten am häufigsten benutzten Ortsangaben lauten: *tu/tutaj* (hier), das Gegenteil lautet *tam* (dort), *po lewej/po prawej stronie* (auf der linken/rechten Seite), *daleko* (weit), *niedaleko/blisko* (nah/in der Nähe). Die Ausdrücke *w lewo* (nach links), *w prawo* (nach rechts) und *prosto* (geradeaus) werden hauptsächlich mit den Verben der Bewegung benutzt, z. B. *iść* (gehen), *jechać* (fahren).

Höfliche Aufforderung

Die Konstruktion *proszę* (bitte) plus Infinitiv wird verwendet, um eine höfliche Bitte zu äußern.

Proszę iść/jechać prosto.	Bitte gehen/fahren Sie geradeaus.

Fragewort *czy*

Fragen, die mit „ja“ oder „nein“ beantwortet werden, können mit dem Fragewort *czy* eingeleitet werden. Man entscheidet selbst, ob man dieses Fragewort benutzt oder nicht. Bei Entscheidungsfragen ohne *czy* ist die Intonation sehr wichtig, da sich die Wortfolge des Fragesatzes nicht von der des Aussagesatzes unterscheidet. In der Alltagssprache werden Entscheidungsfragen meist ohne *czy* gestellt.

(Czy) to jest ulica Piwna?	Ist das die Piwnastraße?

Chyba

Das Wort *chyba* (wohl/wahrscheinlich/vielleicht) wird sehr oft benutzt, z. B. *chyba tak* im Sinne von „ich glaube/denke schon“, *chyba nie* „ich glaube/denke nicht“.

Grundzahlen 1–10 1|21

Hören Sie zu und sprechen Sie nach.

0	zero	3	trzy	6	sześć	9	dziewięć
1	jeden	4	cztery	7	siedem	10	dziesięć
2	dwa	5	pięć	8	osiem		

5 minut

Das Wort *minut* steht hier im Genitiv Plural. Mehr dazu in *Lekcja 5*.

Ausspracheübersicht von Buchstabenkombinationen 1|22

Hören Sie zu und sprechen Sie nach.

sz	wie „sch“ in „Schule“	*zawsze*
cz	wie *tsch* in Deutschland	*wieczór*
dz	entweder stimmhaft, etwa wie die deutsche Verbindung von d + stimmhaftem s, oder stimmlos, etwa wie „ds“ in „Landsmann“	*pieniądze* (Geld) *jedz!* (iss!)
dż, drz	fast immer stimmhaft, etwa wie „j“ im englischen Wort „jazz“	*dżem* (Konfitüre) *drzewo* (Baum)
dź, dzi	etwa wie im englischen Wort „jeep“, die Zunge ist dicht am Gaumen	*gdzie*
eu	nicht wie „eu“ in „Euro“, sondern immer als zwei separate Laute e + u	*Europa*
ck	nicht wie „ck“ in „Zucker“, sondern immer wie zwei separate Laute z + k	*dziecko* (Kind)
nn *usw.*	doppelte Konsonanten werden nicht wie im Deutschen ausgesprochen, sondern wie zwei separate Laute	*Anna, mokka* (Mokka)
ie	in dieser Lautkombination wird das *e* immer ausgesprochen, also nicht wie im Deutschen nur das *i* lang gesprochen	*Niemcy* (Deutschland)

Teraz Pan/Pani 1|23–24

a.

▶ Przepraszam, gdzie jest metro?
■ Tam, prosto, to niedaleko.
▶ Rozumiem, tam prosto.

1. metro/Rozumiem, tam prosto.
2. Muzeum Narodowe (Nationalmuseum)/ Prosto i w prawo, dziękuję.
3. centrum handlowe (Einkaufszentrum)/ Dziękuję, do widzenia.
4. Stare Miasto/Bardzo dziękuję.

b.

▶ Czy tu niedaleko jest parking? (Parkplatz)
■ Tak, tam po lewej stronie.
▶ Dziękuję bardzo.

1. parking
2. policja (Polizei)
3. apteka (Apotheke)
4. bank (Bank)

Rozmowa 2 1|25

Frau Baier ▲ erkundigt sich, wo ihr Hotel ist.

▲ Przepraszam, może mi pani pomóc?
◆ Oczywiście.
▲ Czy pani wie, gdzie jest hotel „Polski"?
◆ Niestety, nie wiem.
▲ Szkoda, a może pani wie, gdzie jest ulica Piwna?
◆ Tak, ulica Piwna jest tam, pierwsza ulica w lewo.
▲ Dziękuję bardzo.
◆ Nie ma za co.

▲ Entschuldigen Sie, können Sie mir helfen?
◆ Selbstverständlich.
▲ Wissen Sie, wo das Hotel „Polski" ist?
◆ Ich weiß es leider nicht.
▲ Schade, aber vielleicht wissen Sie, wo die Piwnastraße ist?
◆ Ja, die Piwnastraße ist dort, die erste Straße nach links.
▲ Danke schön.
◆ Keine Ursache.

Um Hilfe bitten

Może mi pan/pani pomóc? Können Sie mir helfen?
Wenn man eine Person, die man duzt, um Hilfe bittet, sagt man:
Możesz mi pomóc? Kannst du mir helfen?

Bedauern ausdrücken

Um Bedauern auszudrücken, benutzt man die Wörter *szkoda* (schade) oder *niestety* (leider).

Verneinung

Das Negationswort *nie* (nein, nicht) steht immer vor dem Verb: *Nie wiem*. (Ich weiß nicht). Im Polnischen ist eine doppelte und dreifache Verneinung möglich *(→ Lekcja 9)*. Wenn im Satz ein Negationselement vorkommt, z. B. *nic* (nichts), muss das Verb trotzdem verneint werden.

Nie wiem nic. Ich weiß nichts.

Może

Das Wort *może* hat zwei Bedeutungen: „vielleicht" und „er, sie, es kann".

Nie ma za co

Der Ausdruck *nie ma za co* wird oft im Sinne von „keine Ursache/nichts zu danken" gebraucht und ist eine feste Redewendung.

STRASSENBEZEICHNUNGEN

Außer *ulica*, abgekürzt *ul.*, wird für repräsentative Straßen in den Städten das Wort *aleja* (Allee), abgekürzt *al.*, verwendet, zum Beispiel *al. Słowackiego*. Plätze werden als *plac* (Platz) bezeichnet, z.B. *pl. Zamkowy* (Schlossplatz). Der Marktplatz einer Stadt heißt *rynek*. Die Straßenbezeichnungen, die ein Adjektiv enthalten, stehen im Nominativ, z.B. *ulica Dobra* („Gute Straße"). Straßennamen, die kein Adjektiv enthalten, stehen normalerweise im Genitiv. Das hat zur Folge, dass z.B. die Chopinstraße *ulica Chopina* heißt.

Teraz Pan/Pani 1|26–27

a.

- ▶ Przepraszam, gdzie jest hotel „Wawel“?
- ■ Nie wiem.
- ▶ A ulica Długa? Gdzie jest ulica Długa?
- ■ Tam niedaleko, druga (zweite) ulica w prawo.

1. „Wawel“/ulica Długa
2. „Europejski“/aleja Słowackiego
3. „Francuski“/ulica Floriańska
4. „Panorama“/ulica Chopina

b.

- ▶ Przepraszam, czy pan wie, gdzie jest Informacja Turystyczna? (Touristeninformation)
- ■ Nie.
- ▶ Szkoda.

1. Informacja Turystyczna
2. Plac Zamkowy
3. Mały Rynek
4. Plac Mariacki

TOURISTENINFORMATION

In polnischen Großstädten und Ferienorten gibt es Informationsstellen für Touristen. Sie heißen entweder *Centrum Informacji Turystycznej, Punkt Informacji Turystycznej, Ośrodek Informacji Turstycznej* oder *Informacja Turystyczna.* Man erkennt die Infostellen an dem Symbol *it* oder an dem Buchstaben *i.* Man wird dort fachkundig beraten und bekommt auch Informationsmaterial in deutscher Sprache.

Rozmowa 3 1|28

Herr Baier ▲ spricht am Flughafen mit einem Taxifahrer ◆.

▲ Można? Do hotelu „Katowice“, proszę.	▲ Darf ich (einsteigen)? Zum Hotel „Katowice“, bitte.
◆ Proszę bardzo. To jest pana bagaż, te trzy walizki, ten plecak i ta torba?	◆ Bitte sehr. Ist das Ihr Gepäck, diese drei Koffer, dieser Rucksack und diese Tasche?
▲ Nie rozumiem. Mówi pan po niemiecku?	▲ Ich verstehe nicht. Sprechen Sie Deutsch?
◆ Nie, niestety nie.	◆ Nein, leider nicht.
▲ Ja mówię tylko trochę po polsku. Proszę powtórzyć jeszcze raz, powoli.	▲ Ich spreche nur ein wenig Polnisch. Bitte wiederholen Sie noch einmal, langsam.
◆ Czy to pana bagaż?	◆ Ist das Ihr Gepäck?
▲ Tak.	▲ Ja.

Można

Wenn man um Erlaubnis bittet, sagt man oft: *Można?* (Darf man?).

Do

Nach der Präposition *do* (nach, bis, zu), steht das Substantiv im Genitiv, z. B. *do hotelu* (zum Hotel).

Sprachkenntnisse erfragen und angeben

Mówić po polsku/po niemiecku/po angielsku sind feste Ausdrücke und bedeuten „Polnisch/Deutsch/Englisch sprechen". Bei der Angabe der Sprachkenntnisse benutzt man die Adverbien der Art und Weise, z. B. *dobrze* (gut).

Pana

Zur Wiedergabe der deutschen Possessivpronomen „Ihr" und „Ihre" benutzt man den Genitiv von *pan* → *pana, pani* → *pani* und von *państwo* → *państwa.*

Teraz Pan/Pani

1|29–30

a.

▶ Dzień dobry, do centrum, proszę.
■ Proszę bardzo. Czy to jest pani bagaż?
▶ Tak, to jest mój bagaż.

1. centrum/mój bagaż
2. hotelu „Panorama"/moja walizka
3. hotelu „Ambasador"/moja torba
4. hotelu „Polonia"/mój plecak

b.

▶ Przepraszam, mówi pani po polsku?
■ Tak, oczywiście.

1. po polsku
2. po niemiecku
3. po angielsku

Gramatyka

1 Die Verben *móc* und *wiedzieć* – Präsens

	móc	können/dürfen	***wiedzieć***	wissen
(ja)	*mog**ę***	ich kann	*wie**m***	ich weiß
(ty)	*może**sz***	du kannst	*wie**sz***	du weißt
on, ona, ono/ pan, pani	*moż**e***	er, sie, es kann/ Sie können	*wie*	er, sie, es weiß/ Sie wissen
(my)	*może**my***	wir können	*wie**my***	wir wissen
(wy)	*może**cie***	ihr könnt	*wie**cie***	ihr wisst
oni, one/ państwo	*mog**ą***	sie können/ Sie können	*wie**dzą***	sie wissen/ Sie wissen

Das Verb *móc* (können, dürfen) ist ein Modalverb. Modalverben drücken z. B. eine Fähigkeit, Möglichkeit, Notwendigkeit, einen Wunsch oder eine Erlaubnis aus und werden in Verbindung mit dem Infinitiv gebraucht: *Możesz mi pomóc?* (Kannst du mir helfen?)

2 Das Adjektiv – Nominativ Singular und Plural (Sachform)

Zur Erinnerung: die „Sachform" umfasst nicht nur männliche, weibliche und sächliche Substantive, die Tiere, Pflanzen und Sachen bezeichnen, sondern auch alle weiblichen und sächlichen Personenbezeichnungen. Die „Personalform" dagegen umfasst nur männliche Personen oder Gruppen mit mindestens einer männlichen Person. Übrigens: alle Wörter, die bei Substantiven stehen, z. B. Adjektive und Pronomen, stehen dann auch dementsprechend in der Personalform oder Sachform.

Die Endung des Adjektivs hängt vom Geschlecht des Substantivs ab, auf das es sich bezieht. Im Nominativ Singular haben die Adjektive folgende Endungen:

-y	maskulin *dobr**y** chleb* (gutes Brot),
oder ***-i***	nach *-k* und *-g*: *niemieck**i** hotel* (deutsches Hotel), *drog**i** hotel* (teures Hotel)
-a	feminin *dobr**a** kawa* (guter Kaffee)
-e oder *-**ie***	neutral und Plural (Sachform) *centrum handlow**e*** (Einkaufszentrum), *polsk**ie** pieniądze* (polnisches Geld). Übrigens: *pieniądze* ist ein Pluralwort.

Im Polnischen gibt es keine Buchstabenverbindung von *k/g + e*. Zwischen diesen Buchstaben muss immer ein *i* stehen: *pols**kie*** (polnisch), *dro**gie*** (teuer).

3 Ordnungszahlen

Die Ordnungszahlen funktionieren wie Adjektive und lauten für die ersten zwei Zahlen: *pierwszy, -a, -e* (erster, erste, erstes) und *drugi, -a, -ie* (zweiter, zweite, zweites).
Man sagt z. B.: *pierwszy/drugi dzień* (erster/zweiter Tag), *pierwsza/druga ulica* (erste/zweite Straße), *pierwsze/drugie piwo* (erstes/zweites Bier). Mehr dazu in *Lekcja 7*.

4 Demonstrativpronomen – Nominativ Singular und Plural (Sachform)

	Nominativ Singular	Beispiel	Nominativ Plural Sachform	Beispiel
maskulin	*ten* (dieser)	*ten plecak* (dieser Rucksack)	*te* (diese)	*te plecaki* (diese Rucksäcke)
feminin	*ta* (diese)	*ta walizka* (dieser Koffer)	*te* (diese)	*te walizki* (diese Koffer)
neutral	*to* (dieses)	*to auto* (dieses Auto)	*te* (diese)	*te auta* (diese Autos)

Die Pluralform der Substantive, z. B. *plecaki, walizki, auta*, wird in *Lekcja 4* erklärt.

Ćwiczenia

Ćwiczenia pisemne

1. Ergänzen Sie die Antworten mit *tak* oder *nie*.

a. Czy to jest daleko? — *Nie*, to niedaleko.
b. Czy to jest twój kolega? — Nie, to jest mój chłopak.
c. Czy to są Sukiennice? — Tak, to są Sukiennice.
d. Czy pan mówi po polsku? — ____, ale tylko trochę.
e. Wiesz, gdzie jest bankomat? — Niestety nie.
f. Czy to jest twój bagaż? — Tak, to jest moja walizka i mój plecak.
g. Czy to jest ulica Długa numer 4? — Nie, to jest ulica Długa numer 6.

2. Welche Adjektivform passt zum Substantiv? Markieren Sie sie.

a.	dobry	~~dobra~~	~~dobre~~	kolega
b.	neutralny	neutralna	neutralne	program
c.	stary	stara	stare	miasto
d.	polski	polska	polskie	pieniądze
e.	ładny	ładna	ładne	dziewczyna
f.	miły	miła	miłe	dziecko
g.	mały	mała	małe	plecak
h.	niemiecki	niemiecka	niemieckie	hotel
i.	handlowy	handlowa	handlowe	centrum
j.	długi	długa	długie	ulica
k.	pierwszy	pierwsza	pierwsze	piwo
l.	drogi	droga	drogie	restauracja

3. Verneinen Sie die Sätze mit *nie*.

a. To jest nasza walizka. — *To nie jest nasza walizka.*
b. Ja jestem z Polski. — Ja nie jestem z Polski.
c. Mówię dobrze po polsku. — Nie mówię dobrze po polsku.
d. Ta torba jest moja. — Ta torba nie jest moja.
e. To są nasze pieniądze. — ________
f. Ja nazywam się Bartosz Krawczyk. — Ja nie nazywam się Bartosz K.

4. Ergänzen Sie die Demonstrativpronomen *ten, ta, to, te*.

a. ____ ulica jest bardzo długa.
b. ____ miasto jest stare.
c. ____ pieniądze są wasze?
d. ____ walizka jest twoja?
e. ____ plecak jest bardzo mały.
f. ____ auto jest moje.

5. Wie heißt das Gegenteil?

a. dobrze ____________________
b. w lewo ____________________
c. tu ____________________
d. ona ____________________

e. po prawej stronie ____________________
f. noc ____________________
g. niedaleko ____________________
h. wszystko ____________________

6. Ergänzen Sie die richtige Form der Verben *wiedzieć* oder *móc*.

a. Czy ty ____________, gdzie to jest?
b. *(My)* ____________ tam jechać?
c. Mój chłopak ____________ wszystko.
d. *(Ty)* ____________ tam iść?
e. Przepraszam, czy pani ____________, gdzie jest centrum?
f. Ja nie ____________, kto to jest.

7. Ergänzen Sie die Ordnungszahlen.

a. pierwszy, pierwsza, pierwsze

____________ ulica
____________ wieczór
____________ tydzień
____________ minuta
____________ dziecko

b. drugi, druga, drugie

____________ raz
____________ dzień
____________ rozmowa
____________ autobus
____________ piwo

Ćwiczenia z CD

1. Hören Sie zu und sprechen Sie nach. 1|31

a. euro – europejskie – neutralna – Europa
b. czas – czy – cztery – dziewczyna – wieczór – Szczecin
c. szkoda – pierwszy – proszę – Warszawa – sześć – wszystko
d. nie – Niemcy – pierwszy – wieczór – dziewczyna – niestety – wiem

2. Schreiben Sie die Zahlen auf, die Sie hören. 1|32

________ ________ ________ ________ ________ ________ ________

3. Sind Sie gut im Rechnen? Sie hören einige Rechenaufgaben. Geben Sie das Ergebnis an. 1|33

a. Pięć plus jeden jest <u>sześć</u>.
b. ____________________
c. ____________________
d. ____________________
e. ____________________
f. ____________________
g. ____________________

4. Sie hören vier kurze Dialoge, in denen gefragt wird, wo sich etwas befindet. Bitte kreuzen Sie die richtigen Angaben an. 1|34

a. parking:	☐ tam, po lewej stronie	☐ tam, po prawej stronie
centrum handlowe:	☐ bardzo daleko	☐ tu niedaleko
b. metro:	☐ cały czas prosto i potem w lewo	☐ cały czas prosto i potem w prawo
c. apteka:	☐ niedaleko, 10 minut	☐ niedaleko, 5 minut
d. ulica Długa:	☐ pierwsza ulica w lewo	☐ druga ulica w lewo

5. Hören Sie den folgenden Zweizeiler, ergänzen Sie ihn und lernen Sie ihn auswendig. 1|35

Blisko, daleko, w prawo, w lewo,
______________________, uwaga!* Tam jest drzewo!

6. Arbeiten Sie nun die weiteren mündlichen Übungen auf der CD durch. 1|36

* uwaga = Achtung

Ważne słówka i zwroty

Ortsangaben

tu/tutaj	hier
tam	dort
prosto	geradeaus
w lewo	nach links
w prawo	nach rechts
po lewej stronie	auf der linken Seite
po prawej stronie	auf der rechten Seite
daleko	weit
niedaleko	nicht weit

Höfliche Aufforderung

Proszę tam iść.	Bitte gehen Sie dorthin/dort entlang.
Proszę jechać prosto.	Bitte fahren Sie geradeaus.
Proszę powtórzyć.	Bitte wiederholen Sie.
Proszę mówić powoli.	Bitte sprechen Sie langsam.

Unwissen und Bedauern ausdrücken

Nie rozumiem.	Ich verstehe nicht.
Nie wiem.	Ich weiß (es) nicht.
Szkoda.	Schade.
Niestety.	Leider.

Weitere Wendungen

Gdzie jest .../są ...?	Wo ist .../sind ...?
Rozumiem.	(Ich) verstehe.
Chyba tak.	Wahrscheinlich schon.
Chyba nie.	Wahrscheinlich nicht.
Dziękuję bardzo.	Danke sehr.
Nie ma za co.	Keine Ursache./Nichts zu danken.
Jeszcze raz.	Noch einmal.
Można?	Darf ich?
Może mi pan/pani pomóc?	Können Sie mir helfen?
Oczywiście.	Selbstverständlich.

Sprachkenntnisse erfragen und angeben

Mówi pan/pani po niemiecku?	Sprechen Sie Deutsch?
Mówię tylko trochę po polsku.	Ich spreche nur ein wenig Polnisch.

Lekcja 3

W hotelu

Rozmowa 1 1|37

Frau Winkler ▲ ist im Hotel angekommen und spricht mit der Empfangschefin ◆.

▲ Dobry wieczór.	▲ Guten Abend.
◆ Witam! W czym mogę pomóc?	◆ Willkommen! Was kann ich für Sie tun?
▲ Poproszę pokój jednoosobowy z łazienką.	▲ Bitte ein Einzelzimmer mit Bad.
◆ Na jak długo?	◆ Für wie lange?
▲ Na jeden tydzień.	▲ Für eine Woche.
◆ Chwileczkę, tak mamy jeden pokój wolny.	◆ Einen Augenblick, ja, wir haben ein Zimmer frei.
▲ Ile kosztuje ten pokój?	▲ Wie viel kostet das Zimmer?
◆ Sto złotych za dobę ze śniadaniem.	◆ Hundert Zloty pro Nacht mit Frühstück.
▲ OK, może być.	▲ O.K., geht in Ordnung.
◆ Poproszę paszport albo dowód osobisty. Proszę wypełnić ten formularz i tu podpisać. Tu jest klucz, pokój numer 20 (dwadzieścia).	◆ Ihren Pass oder Personalausweis, bitte. Bitte füllen Sie dieses Formular aus und unterschreiben Sie hier. Hier ist der Schlüssel, Zimmer Nummer 20.
▲ Dziękuję. A gdzie mogę zaparkować auto?	▲ Danke. Und wo kann ich das Auto parken?
◆ Przed albo za hotelem, obojętnie.	◆ Vor oder hinter dem Hotel, egal.
▲ Czy to jest parking strzeżony?	▲ Ist das ein bewachter Parkplatz?
◆ Oczywiście. Parking kosztuje 22 (dwadzieścia dwa) złote za dobę. Dowód osobisty może pani odebrać jutro. Przyjemnego pobytu!	◆ Selbstverständlich. Der Parkplatz kostet 22 Zloty pro Tag. Den Personalausweis können Sie morgen abholen. Einen angenehmen Aufenthalt!
▲ Dziękuję.	▲ Danke.

Pokój jednoosobowy

Pokój jednoosobowy bedeutet wörtlich „Einpersonenzimmer". Ein Doppelzimmer heißt *pokój dwuosobowy.*

Z łazienką / ze śniadaniem

Die Wörter *łazienka* (Badezimmer) und *śniadanie* (Frühstück) stehen hier im Instrumental: *z łazienką* (mit Bad), *ze śniadaniem* (mit Frühstück). Mehr dazu in *Lekcja 6*. Die Präpositionen *z* und *ze* bedeuten hier beide „mit". *Ze* wird wegen der leichteren Aussprache vor Wörtern, die mit mehreren Konsonanten beginnen und von denen der erste z. B. *z, s, ż, sz, ź* oder *ś* ist, benutzt.

Wenn man etwas Zeit gewinnen will

Das Wort *chwileczka* (ein Augenblick) steht hier im Akkusativ → *chwileczkę*. Mehr dazu in *Lekcja 4*. Man kann auch in dieser Situation *momencik* (einen kleinen Moment) sagen.

Nach dem Preis fragen

Die Frage nach dem Preis (*cena*) lautet *Ile kosztuje ...?* (Wie viel kostet ...?), *Ile to kosztuje?* (Wie viel kostet das?) oder kurz *Ile kosztuje?*

Może być

Die Redewendung *może być?* (kann sein?/darf es sein?) wird sehr oft auch als Frage gebraucht.

POLNISCHES GELD

Bei der Preisangabe werden zwei Pluralformen von *złoty*, wörtlich „golden", verwendet. Man sagt: 2, 3, 4, 2**2**, 2**3**, 2**4**, 3**2** ...,10**2**, 10**3** usw. → *złote* und 5, 6, 7, 8 – 21 sowie 2**5**, 2**6**, 2**7**..., 3**5** ..., 10**5**, 10**6** usw. → *złotych*. (Die Erklärung dazu finden Sie in *Lekcja 5*, wo der Genitiv Plural erklärt wird.) Die Abkürzung von *złoty*, die im Alltag benutzt wird, ist *zł*. Der hundertste Teil von *złoty* heißt *grosz*. Die *1 zł*-Münze wird *złotówka* genannt. Die internationale Abkürzung für die polnische Währung, die z. B. bei der Angabe des Wechselkurses benutzt wird, ist *PLN*. Die Wechselstuben heißen *Kantor* und sind auch an Samstagen und manchmal sogar an Sonntagen geöffnet. Man kann selbstverständlich auch Geld in Banken oder Hotels umtauschen.

Doba

Das Wort *doba* bezeichnet eine Übernachtung oder einen Zeitraum von 24 Stunden.

Grundzahlen 11–199 1|38

Hören Sie zu und sprechen Sie nach.

11	jedenaście	20	dwadzieścia
12	dwanaście	30	trzydzieści
13	trzynaście	40	czterdzieści
14	czternaście	50	pięćdziesiąt
15	piętnaście	60	sześćdziesiąt
16	szesnaście	70	siedemdziesiąt
17	siedemnaście	80	osiemdziesiąt
18	osiemnaście	90	dziewięćdziesiąt
19	dziewiętnaście		

Die Zahlen zwischen 21 und 29 und weiter zwischen 31 und 39 usw. werden wie folgt zusammengesetzt: *dwadzieścia jeden, dwadzieścia pięć, trzydzieści osiem* usw. Die zusammengesetzten Zahlen werden getrennt geschrieben: *sto dziewięćdziesiąt dziewięć* (199). Weitere Grundzahlen finden Sie im Grammatikkapitel.

Präposition *za* und *przed*

Die Präpositionen *za* (hinter) und *przed* (davor) werden mit dem Instrumental benutzt: *za hotelem* (hinter dem Hotel), *przed hotelem* (vor dem Hotel).

Aussprache von *ą* und *ę*

Die Vokale ***ą*** und **ę** werden, abhängig von der lautlichen Umgebung, entweder nasal oder nicht nasal ausgesprochen. Eine nasalierte Aussprache von ***ą*** und **ę** findet immer vor *f, w, s, z, sz, ś, ź, rz, ż* und am Wortende statt. In der Umgangssprache jedoch wird das **ę** am Wortende nicht nasal, sondern wie „e" in „bitte" ausgesprochen.

Hören Sie zu und sprechen Sie nach. 1|39

Nasalierte Aussprache:

ą	wie „on" in „Bonbon"	*mogą* (sie können), *książka* (Buch)
ę	wie im französischen Wort „bassin"	*często* (oft)

Nicht nasalierte Aussprache:

ą	vor *p* und *b* wie „om" in „Bombe"	*ząb* (Zahn)
ę	vor *p* und *b* wie „em" in „Hemd"	*zęby* (Zähne)
ą	vor *d, t, c, dz, cz* und *dż* wie „on" in „Sonde"	*piątek* (Freitag)
ę	vor *d, t, c, dz, cz* und *dż* wie „en" in „Ende"	*ręcznik* (Handtuch)
ą	vor *l* und *ł* wie ein offenes „o" in „oft"	*wziął* (er nahm)
ę	vor *l* und *ł* wie „e" in „nett"	*wzięli* (sie nahmen)
ą	vor *k* und *g* wie „on" in „Onkel"	*mąka* (Mehl)
ę	vor *k* und *g* wie „en" in „Enkel"	*ręka* (Hand)
ą	vor *dź,/dzi* und *ć/ci* wie *„oń"*	*zacząć* (beginnen)
ę	vor *dź,/dzi* und *ć/ci* wie *„eń"*	*wszędzie* (überall)

Teraz Pan/Pani

1|40–41

a.

- Witam, w czym mogę pomóc?
- ▶ Dzień dobry, poproszę pokój jednoosobowy.
- Proszę bardzo.

1. jednoosobowy
2. jednoosobowy z łazienką
3. dwuosobowy ze śniadaniem

b.

- ▶ Gdzie mogę zaparkować auto?
- Przed albo za hotelem, obojętnie.

1. mogę zaparkować auto
2. jest parking
3. można zaparkować
4. jest parking strzeżony

Rozmowa 2 1|42

Herr Wiedemann ◆ spricht am Telefon mit dem Empfangschef ▲ vom Hotel „Francuski".

▲ Hotel „Francuski", słucham?
◆ Dzień dobry, moje nazwisko Wiedemann. Czy można zarezerwować pokój?
▲ Tak, proszę bardzo. Jaki pokój i na kiedy?
◆ Pokój dwuosobowy, na jutro, tylko jeden nocleg.
▲ Na jakie nazwisko?
◆ Wiedemann.
▲ Proszę przeliterować.
◆ W jak Wanda, Irena, Ewa, Dorota, Ewa, Marta, Adam, Natalia, Natalia.
▲ Pan Wiedemann, jeden nocleg, pokój dwuosobowy, przyjazd jutro.
◆ Czy można płacić kartą kredytową?
▲ Tak.
◆ Czy mogę dostać potwierdzenie rezerwacji?
▲ Oczywiście, jaki jest pana adres e-mailowy?
◆ Wiedemann@onet.de
▲ Dziękuję, do widzenia!

▲ Hotel „Francuski" ja, bitte?
◆ Guten Tag, mein Name ist Wiedemann. Kann ich ein Zimmer reservieren?
▲ Ja, bitte sehr. Was für ein Zimmer und für wann?
◆ Ein Doppelzimmer für morgen, nur eine Übernachtung.
▲ Auf welchen Namen?
◆ Wiedemann.
▲ Buchstabieren Sie, bitte.
◆ W wie Wanda, Irena, Ewa, Dorota, Ewa, Marta, Adam, Natalia, Natalia.
▲ Herr Wiedemann, eine Übernachtung, Doppelzimmer, Ankunft morgen.
◆ Kann man mit Kreditkarte zahlen?
▲ Ja.
◆ Kann ich eine Bestätigung der Reservierung bekommen?
▲ Selbstverständlich. Wie ist Ihre E-Mail-Adresse?
◆ Wiedemann@onet.de
▲ Danke, auf Wiedersehen!

Sich am Telefon melden

Słucham „ich höre", so meldet man sich am Telefon. Man kann auch *halo* oder *proszę* sagen. Das Handy heißt *komórka* oder *telefon komórkowy.*

E-Mail-Adresse

Das @-Zeichen wird *małpa* (Affe) ausgesprochen. „Punkt" heißt *kropka.*

Buchstabieren 1|43

Zum Buchstabieren werden vorwiegend Vornamen benutzt. Es gibt keine feste Vorgabe für die Vornamen, die man verwenden soll. Die am häufigsten benutzten Namen lauten:
(In den eckigen Klammern [ ] ist die Aussprache angegeben.)

A [a] jak Adam
B [bä] jak Barbara
C [tsä] jak Celina
D [dä] jak Danuta
E [ä] jak Ewa
F [äf] jak Feliks
G [giä] jak Genowefa
H [ha] jak Halina
I [i] jak Irena
J [jot] jak Jan
K [ka] jak Karol
L [äl] jak Ludwik
Ł [äł] jak Łukasz (wie das englische „w")
M [äm] jak Marta
N [än] jak Natalia
O [o] jak Olga
P [pä] jak Piotr
R [är] jak Roman
S [äs] jak Sebastian
T [tä] jak Tomasz
U [u] jak Urszula
W [wu] jak Wanda
X [iks] jak Xantypa
Y [igrek] igrek
Z [sät] jak Zygmunt
Ź [źet] zet z kreską (mit Strich) jak źródło (Quelle)
Ż [żet] zet z kropką (mit Punkt) jak Żaneta
Ą [ą] a z ogonkiem (mit Häkchen)
Ę [ę] e z ogonkiem (mit Häkchen)
Ć [će] ce z kreską (mit Strich)
Ń [eń] en z kreską (mit Strich)
Ó [u] o z kreską (mit Strich)
Ś [eś] es z kreską (mit Strich)

Teraz Pan/Pani 1|44

■ Hotel „Mazury", Agnieszka Kowalczyk, słucham?
▶ Czy można zarezerwować pokój?
■ Oczywiście. Na kiedy?
▶ Na jutro.

1. Na jutro.
2. Na weekend. (Wochenende)
3. Na piątek. Tylko jeden nocleg.

Rozmowa 3 1|45

Probleme ... Frau Bąk ◆ spricht mit dem Empfangschef ▲.

◆ Przepraszam, mam problem.	◆ Entschuldigen Sie, ich habe ein Problem
▲ Tak, o co chodzi?	▲ Ja, worum geht's?
◆ Mój pokój, numer 19, jest brudny i telewizor jest zepsuty.	◆ Mein Zimmer, Nummer 19, ist schmutzig und der Fernseher ist kaputt.
▲ Naprawdę? Bardzo mi przykro.	▲ Wirklich? Das tut mir sehr leid.
◆ Aha, w łazience nie ma ręcznika, i prysznic nie działa. Nie ma też papieru toaletowego i mydła. Proszę to szybko załatwić.	◆ Ach, im Badezimmer gibt es kein Handtuch und die Dusche funktioniert nicht. Es gibt auch kein Toilettenpapier und keine Seife. Bitte erledigen Sie das schnell.
▲ Oczywiście. Zaraz to załatwię.	▲ Selbstverständlich. Ich erledige das gleich.

Nie ma

Um zu sagen, dass es etwas nicht gibt, benutzt man den Ausdruck *nie ma*. Das Substantiv danach steht im Genitiv: *Nie ma wody*. (Es gibt kein Wasser.)

Bardzo mi przykro

Um Bedauern auszudrücken, benutzt man die feste Redewendung *Bardzo mi/nam przykro*. (Das/Es tut mir/uns sehr leid.)

Teraz Pan/Pani 1|46–47

a.

▶ Przepraszam, mam problem.
■ O co chodzi?
▶ Mój pokój jest brudny.

1. Mój pokój jest brudny.
2. Łazienka jest brudna.
3. Lampa jest zepsuta.

b.

▶ Dzień dobry, mamy problem.
■ O co chodzi?
▶ Toaleta (Toilette) nie działa i nie ma ręcznika.

1. Toaleta/ręcznika
2. Prysznic/wody
3. Ogrzewanie (Heizung)/papieru toaletowego
4. Telewizor/mydła

WO KANN MAN IN POLEN ÜBERNACHTEN?

Eine breite Palette von Übernachtungsmöglichkeiten finden Sie z.B. im Internet unter dem Begriff *baza noclegowa*. Das Angebot umfasst unterschiedliche Preisklassen: von Luxushotels mit Wellness-Bereich über Pensionen *pensjonaty*, Privatzimmer *pokoje prywatne/kwatery prywatne*, Bauernhöfe *gospodarstwa agroturystyczne* und einfachen Holzhütten *domki kempingowe* bis hin zu Jugendherbergen *schroniska młodzieżowe* und Zeltplätzen *pola namiotowe*. Vielleicht haben Sie Lust, ein Wochenende in Polen in einem Schloss zu verbringen. Es gibt viele alte Schlösser, Paläste und Gutshöfe, die restauriert und in Hotels umgewandelt wurden. Wenn Sie Halbpension buchen, stoßen Sie auf den Begriff *obiadokolacja*, der aus zwei Wörtern besteht: *obiad* (Mittagessen) und *kolacja* (Abendessen) und in der Hotelsprache „warmes Abendessen" bedeutet. *Śniadanie* (Frühstück) + *obiadokolacja* steht für Halbpension.

Gramatyka

1 Die Verben *mieć* und *płacić* – Präsens

	mieć	haben	***płacić***	zahlen
(ja)	*ma*_**m**_	ich habe	*płac*_**ę**_	ich zahle
(ty)	*m*_**asz**_	du hast	*płac*_**isz**_	du zahlst
on, ona, ono/ pan, pani	*ma*	er, sie, es hat/ Sie haben	*płac*_**i**_	er, sie, es zahlt/ Sie zahlen
(my)	*ma*_**my**_	wir haben	*płaci*_**my**_	wir zahlen
(wy)	*ma*_**cie**_	ihr habt	*płaci*_**cie**_	ihr zahlt
oni, one/ państwo	*maj*_**ą**_	sie haben/ Sie haben	*płac*_**ą**_	sie zahlen/ Sie zahlen

Nach welchem Muster die Verben konjugiert werden, erkennt man an den Endungen der 1. und 2. Person Singular eines Verbs. Diese Endungen sind im Wortschatzregister, das sich im Anhang befindet, angegeben, z. B. *płacić, -ę, -isz*. Es gibt vier Konjugationsmuster:

1. Person Singular	2. Person Singular
-am	*-asz*
-em	*-esz*
-ę-esz	
-ę-isz/-ysz	

Das Verb *mieć* wird nach dem Muster *-am, -asz* konjugiert, obwohl es im Infinitiv im Auslaut ein *e* hat. Das Verb *płacić* folgt dem Konjugationsmuster *-ę, -isz*.

Übrigens: das Verb *mieć* in Verbindung mit dem Infinitiv bedeutet „sollen“: *Gdzie mam podpisać?* (Wo soll ich unterschreiben?). Siehe auch *Lekcja 7*.

2 Die Pronomen *jaki, jaka, jakie* – Nominativ Singular und Plural (Sachform)

Die Pronomen *jaki, jaka, jakie* (was für ein/-e) entsprechen im Genus dem Substantiv, auf das sie sich beziehen.

	Nominativ Singular	Beispiel	Nominativ Plural Sachform	Beispiel
maskulin	*jaki* (was für ein)	*jaki pokój?* (was für ein Zimmer?)	*jakie* (was für/ welche)	*jakie pokoje*? (was für/welche Zimmer?)
feminin	*jaka* (was für eine)	*jaka ulica?* (was für eine Straße?)	*jakie* (was für/ welche)	*jakie ulice?* (was für/ welche Straßen?)
neutral	*jakie* (was für ein)	*jakie nazwisko?* (was für ein Name?)	*jakie* (was für/ welche)	*jakie nazwiska?* (was für/welche Namen?)

Ćwiczenia

Ćwiczenia pisemne

1. Sie haben Ihren Gesprächspartner nicht verstanden und bitten um Wiederholung. Ergänzen Sie *jaki, jaka, jakie.*

a. Przepraszam, jaki numer? Numer sto dwa.
b. Przepraszam, jaki hotel? „Francuski".
c. Przepraszam, Jaka restauracja? „Stara"
d. Przepraszam, jakie muzeum? „Muzeum Narodowe".
e. Przepraszam, jaki pokój? Jednoosobowy.
f. Przepraszam, jaka ulica? Ulica Floriańska.
g. Przepraszam, jaki autobus? Numer pięćdziesiąt.
h. Przepraszam, jaka książka? – Buch Polska.
i. Przepraszam, jaki dzień? Piątek.

2. Ergänzen Sie die richtige Verbform der Verben *mieć* oder *płacić* (Präsens).

a. *(Ty)* Masz wolny dzień? *mieć*
b. Ile *(ja)* płacę? *płacić*
c. My mamy stare auto. *mieć*
d. Kto płaci? – Ja. *płacić*
e. Ja mam niemiecki paszport. *mieć*
f. Mogę płacić kartą? *płacić*
g. Czy *(ty)* masz pieniądze? *mieć*
h. Andrzej zawsze płaci kartą kredytową. *płacić*

3. Was passt zusammen? Verbinden Sie.

a. zepsuta	1. pobyt
b. wolny	2. pokój
c. długi	3. telefon
d. brudna	4. komórka
e. komórkowy	5. łazienka
f. kredytowa	6. karta

4. Ergänzen Sie die passenden Verben.
Nasz hotel _____ _____ „Stary Zamek" („Altes Schloss"). *(My)* _____ pokój dwuosobowy z łazienką. Niestety w łazience często nie _____ wody. Lampa _____ zepsuta, a telefon nie _____. Doba w hotelu „Stary Zamek" _____ tylko 52 złote.

5. *Po, w, z, za, przed?* Ergänzen Sie die Präpositionen.

a. Pokój kosztuje 160 złotych _____ dobę.
b. _____ łazience nie ma mydła.
c. _____ hotelem jest parking.
d. Hotel „Warszawa" jest _____ lewej stronie.
e. Czy ten pokój jest _____ łazienką?

6. Was passt nicht in die Reihe? Streichen Sie jeweils einen Begriff.

a. jutro, pieniądze, karta kredytowa, bank
b. klucz, nocleg, muzeum, pokój jednoosobowy
c. ulica, komórka, aleja, plac
d. doba, tydzień, ogrzewanie, dzień
e. iść, płacić, mieć, kiedy
f. chwileczka, minuta, momencik, nazwisko
g. śniadanie, łazienka, woda, ręcznik

7. Was passt zusammen?

pokój – auto – ~~formularz~~ – paszport – kartą

podpisać *formularz*
płacić _____
zarezerwować _____
zaparkować _____
odebrać _____

8. Übersetzen Sie ins Polnische.

a. Ich spreche kein Polnisch.
Ja nie mówię po polsku.

b. Wo ist mein Handy?
Gdzie jest moja komórka

c. Bitte helfen Sie mir.
Proszę, mi pomóc.

d. Ich weiß nicht, wo mein Koffer ist.
Nie wiem, gdzie jest moja walizka.

e. Wie viel kostet das Frühstück?
Ile kosztuje śniadanie?

f. Haben Sie *(Sie fragen einen Herrn)* ein Zimmer frei?
~~Mam pytanie ile~~ Potrzebuje wolny pokój?

g. Das ist nicht mein Pass.
To nie jest mój paszport.

h. Wo kann ich parken?
Gdzie mogę ~~zap~~ zaparkować?

g. Entschuldigung, ich verstehe nicht.
Przepraszam, nie rozumiem.

i. Kannst du das erledigen?
~~Mogę~~ Możesz to załatwić?

j. Das ist mein Personalausweis.
To jest mój dowód osobisty.

Ćwiczenia z CD

1. Hören Sie zu und sprechen Sie nach. 1|48

a. ***ą*** – nasalierte Aussprache: z łazienką – mają – nazywają – kartą kredytową

b. ***ą*** – nicht nasalierte Aussprache: pieniądze – skąd

c. ***ę*** – nasalierte Aussprache: często – mięso – pan Wałęsa

d. ***ę*** – nicht nasalierte Aussprache: nazywam się – naprawdę – proszę – dziękuję – pięć – dziesięć – ręcznik – obojętnie

2. Kreuzen Sie die Zahlen an, die Sie hören. 1|49

11 61 33 14 75 16 47 180 19 20 97 108 13 90

3. Sie hören wieder eine Rechenaufgabe. Geben Sie das Ergebnis an und prüfen Sie die Lösung.

a. Ile jest dziesięć razy dziewięć? 10 x 9 jest 90

b. 25 + 25 = 50

c. 40 – 11 = 29

d. 90 – 45 = 46

e. 8 x 8 = 64

4. Sie hören ein Telefongespräch. Sind die folgenden Aussagen richtig oder falsch?

	TAK	NIE
a. Hotel nazywa się „Wawel“.	☐	☐
b. Ten hotel jest w centrum.	☐	☐
c. Hotel ma garaż.	☐	☐
d. Parking jest za hotelem.	☐	☐
e. Doba w hotelu „Kraków” kosztuje 160 złotych.	☐	☐
f. W hotelu jest restauracja.	☐	☐

5. Frau Walczak beschwert sich an der Rezeption. Hören Sie zu und kreuzen Sie an. Welche Aussagen treffen zu? 1|52

telewizor jest zepsuty	☐	łazienka jest brudna	☐
nie ma ręcznika	☐	prysznic jest zepsuty	☐
ogrzewanie nie działa	☐	ręcznik jest brudny	☐
lampa jest zepsuta	☐	radio nie działa	☐
nie ma wody	☐	telefon nie działa	☐
pokój jest brudny	☐	nie ma papieru toaletowego	☐

6. Hören Sie zu und kreuzen Sie *tak* oder *nie* an. 2|1

	TAK	NIE
a. Czy to jest ulica Dobra?	☐	☐
b. Czy hotel nazywa się „Bursztyn"?	☐	☐
c. Czy hotel „Bursztyn" jest po prawej stronie?	☐	☐
d. Czy pani Kaczmarek ma pokój dwuosobowy?	☐	☐
e. Czy pani Zofia ma pokój numer dwadzieścia dwa?	☐	☐
f. Czy jej pokój kosztuje sto dziesięć złotych?	☐	☐
g. Czy pani Zofia wie, gdzie jest garaż?	☐	☐

7. Hören Sie den folgenden Zweizeiler, ergänzen Sie ihn und lernen Sie ihn auswendig. 2|2

Śniadanie, obiad, ______________________,
Przepraszam, gdzie jest restauracja?

8. Arbeiten Sie nun die weiteren mündlichen Übungen auf der CD durch. 2|3

Ważne słówka i zwroty

Nach einem Hotelzimmer fragen

Czy jest wolny pokój?	Gibt es ein freies Zimmer?
Ma pan/pani wolny pokój?	Haben Sie ein freies Zimmer?
Można zarezerwować pokój?	Kann ich ein Zimmer reservieren?

Nach dem Preis fragen

Ile kosztuje …?	Wie viel kostet …?
Ile to kosztuje?	Wie viel kostet das?

Sich am Telefon melden

Słucham!/Tak, słucham?	Ich höre!/Ja, ich höre!
Halo!	Hallo!
Proszę?	Bitte?

Hilfe anbieten

Mogę pomóc?	Darf/Kann ich helfen?

Zustimmen

Może być.	Kann sein./Geht in Ordnung.
OK.	O.K.

Zeit gewinnen

Chwileczkę./Momencik.	Einen Augenblick/Moment, bitte.

Weitere Wörter und Wendungen

Proszę tu podpisać.	Bitte unterschreiben Sie hier.
Gdzie mam podpisać?	Wo soll ich unterschreiben?
Gdzie mam zaparkować?	Wo soll ich parken?
Proszę przeliterować.	Bitte buchstabieren Sie.
O co chodzi?	Worum geht es?
Bardzo mi przykro.	Es/Das tut mir sehr leid.
Proszę to załatwić.	Bitte erledigen Sie das.
Zaraz to załatwię.	Ich erledige das gleich.
To nie działa.	Das funktioniert nicht.
Nie ma.	Er/Sie/Es ist nicht da. / Es gibt keine/-n/-s.
Można płacić kartą kredytową?	Kann man mit Kreditkarte zahlen?
imię i nazwisko	Vorname und Familienname
kod pocztowy	Postleitzahl
data urodzenia	Geburtsdatum
dla niepalących	für Nichtraucher

Lekcja 4

Smacznego!

Rozmowa 1 2|4

Frau ▲ und Herr Pawlak ◆ sprechen mit dem Kellner ● im Frühstücksraum des Hotels.

● Dzień dobry, co państwo piją na śniadanie?
▲ Poproszę kawę z mlekiem.
◆ Dla mnie proszę herbatę z cytryną.
● Proszę bardzo. Tu jest świeże pieczywo, masło, ser, różne wędliny i sałatki, miód, dżem i ciasto. Może podać gorące kiełbaski albo jajecznicę?
◆ Chętnie. Poproszę dwie parówki i jajecznicę na boczku.
● Dla pani też?
▲ Nie, dziękuję. Chcę tylko jogurt, jedno jajko na miękko i sok pomarańczowy.
● Bardzo proszę.

● Guten Tag, was trinken Sie zum Frühstück?
▲ Kaffee mit Milch, bitte.
◆ Für mich bitte Tee mit Zitrone.
● Bitte sehr. Hier sind frische Backwaren, Butter, Käse, verschiedene Wurstwaren und Salate, Honig, Marmelade und Kuchen. Soll ich vielleicht heiße Würstchen oder Rührei bringen?
◆ Gerne. Zwei Wiener Würstchen und Rührei mit Speck, bitte.
● Für Sie auch?
▲ Nein, danke. Ich will nur einen Jogurt, ein weich gekochtes Ei und Orangensaft.
● Bitte sehr.

Smacznego!

Vor dem Essen wünscht man sich in Polen *smacznego*, was „guten Appetit" bedeutet.

Proszę und *poproszę*

Wenn man um etwas bittet, kann man entweder *proszę* oder *poproszę* sagen. Beide Wörter bedeuten „ich bitte". Es handelt sich hier um den vollendeten und unvollendeten Aspekt desselben Verbs: „bitten". Mehr dazu in *Lekcja 7*. Nach *proszę/poproszę* steht das Substantiv im Akkusativ: *Poproszę kawę*. (Einen Kaffee, bitte.)

Dla mnie

„Für mich" bedeutet *dla mnie*. „Für Sie", wenn man sich an eine Dame wendet, lautet *dla pani*. Wenn man einen Herrn meint, sagt man *dla pana*.

Z mlekiem/z cytryną

Die Wörter *mleko* (Milch) und *cytryna* (Zitrone) stehen hier im Instrumental. (Dieser Fall wurde schon in *Lekcja 3* erwähnt).

Plural der Substantive – Nominativ (Sachform)

Die Wörter *wędliny* (Wurstwaren), *sałatki* (Salate), *kiełbaski* (Würstchen), *parówki* (Wiener Würstchen) stehen hier im Nominativ Plural. Mehr dazu im Grammatikkapitel.

Die Zahlen 1 und 2

Die Zahl 1 hat drei Geschlechtsformen, abhängig vom Substantiv, auf das sie sich bezieht. Die Zahl 2 unterscheidet zwei Genusformen: *dwa* für Maskulina und Neutra und *dwie* für feminine Substantive.

maskulin	*jeden chleb* (ein Brot)	*dwa chleby* (zwei Brote)
feminin	*jedna cytryna* (eine Zitrone)	*dwie cytryny* (zwei Zitronen)
neutral	*jedno jajko* (ein Ei)	*dwa jajka* (zwei Eier)

Noch zwei Bemerkungen:
Beim Zählen 1, 2, 3 ... wird für die Zahl 1 auch das kurze Wort *raz* (einmal) benutzt.
Die Zahl 2 hat in Verbindung mit dem Wort *dzieci* (Kinder) eine Sonderform: *dwoje*.

DAS POLNISCHE FRÜHSTÜCK

Das Hotelfrühstück wird in Polen sehr üppig *w formie bufetu* (als Büfett) oder als *stół szwedzki* (wörtlich „schwedischer Tisch") serviert. Es werden unterschiedliche Backwaren *pieczywo* angeboten, wie z. B. *bułki* (Brötchen), *rogaliki* (Milchhörnchen), *chleb* (Brot) oder *bagietki* (Baguettes), sowie auch verschiedene Kuchensorten: *sernik* (Käsekuchen), *makowiec* (Mohnkuchen), *szarlotka* (Apfelkuchen) oder *pączki* (Krapfen). Typisch polnisch sind auch selbstgemachte Frischkäsezubereitungen *twarożek*, oder Salate mit Mayonnaise, Wurst, Gemüse und hartgekochten Eiern. Etwas ungewöhnlich mögen uns auf dem Frühstückstisch Schüsseln mit eingelegten Pilzen und Gurken oder auch Heringen vorkommen. Man kann selbstverständlich auch Müsli *płatki śniadaniowe/musli* bekommen. (Achten Sie auf die polnische Aussprache von *musli*).

Teraz Pan/Pani 2|5–6

a.

- Co państwo piją na śniadanie?
- ▸ Dwa razy kawę z mlekiem, proszę.

1. Dwa razy kawę z mlekiem, proszę.
2. Herbatę z cytryną.
3. Herbatę z mlekiem.

b.

- Może podać jajecznicę albo kiełbaski?
- ▸ Proszę jajecznicę.

1. Proszę jajecznicę.
2. Poproszę jajko na miękko.
3. Nie, dziękuję.
4. Chętnie, poproszę dwie parówki.

Rozmowa 2 2|7

Krzysztof ▲ und Karolina ◆ wollen in einem Restaurant zu Abend essen. Sie unterhalten sich und sprechen mit dem Kellner ●.

▲ Dobry wieczór! Chcielibyśmy zjeść kolację.	▲ Guten Abend! Wir möchten zu Abend essen.
● Dwie osoby, tak? Proszę bardzo, tam jest wolny stolik.	● Zwei Personen, ja? Bitte sehr, dort ist ein freier Tisch.
▲ Dziękuję.	▲ Danke.
● Proszę, tu jest karta. Co podać do picia?	● Bitte, hier ist die Speisekarte. Was darf ich zu trinken bringen?
▲ Jasne piwo proszę i wodę mineralną.	▲ Ein helles Bier und Mineralwasser.
● Proszę bardzo.	● Bitte sehr.
▲ Jestem bardzo głodny i strasznie chce mi się pić.	▲ Ich bin sehr hungrig und habe einen schrecklichen Durst.
◆ Ja też jestem głodna. Mam ochotę na zupę pomidorową, a ty?	◆ Ich bin auch hungrig. Ich habe Lust auf Tomatensuppe, und du?
▲ No, nie wiem ...	▲ Na ja, ich weiß nicht ...
● Czy państwo już coś wybrali?	● Haben Sie schon gewählt?
◆ Tak, poproszę rosół i pierogi z kapustą i z grzybami. Ach, nie przepraszam, nie rosół, tylko zupę pomidorową z makaronem.	◆ Ja, bitte, Fleischbrühe und Piroggen mit Kraut und Pilzen. Ach nein, Entschuldigung, nicht Fleischbrühe, sondern Tomatensuppe mit Nudeln.
● Proszę bardzo. A co dla pana?	● Bitte sehr. Und für Sie?
▲ Dla mnie barszczyk. A co pan poleca na drugie danie?	▲ Für mich Rote-Bete-Suppe. Und was empfehlen Sie als zweiten Gang?
● Bigos jest doskonały albo może kotlet schabowy z ziemniakami i surówką?	● *Bigos* ist ausgezeichnet oder vielleicht Schweinekotelett mit Kartoffeln und Rohkostsalat?
▲ Dobrze, kotlet schabowy, ale nie z ziemniakami. Mogę dostać frytki?	▲ Gut, Schweinekotelett, aber nicht mit Kartoffeln. Kann ich Pommes frites bekommen?
● Oczywiście.	● Selbstverständlich.

Chcielibyśmy

Die Form des Verbs „möchten" hängt vom Geschlecht der Person ab:
Ein Mann sagt *chciałbym* (ich möchte) ...
Eine Frau sagt *chciałabym* (ich möchte) ...
Die Personalform lautet: *Chcielibyśmy* (wir möchten) ...
Die Sachform lautet: *Chciałybyśmy* (wir möchten) ...

Chce mi się pić

Der Ausdruck *chce mi się pić* (ich habe Durst) ist eine feste Redewendung. Man sagt auch: *Chce* oder *nie chce mi się jeść* (Ich habe Hunger bzw. ich habe keinen Hunger). Nach *nie chce/chce mi się* folgt das Verb immer im Infinitiv.

Zjeść

Zjeść ist die vollendete Form des Verbs „essen". Die unvollendete Entsprechung lautet *jeść*. Der Gebrauch beider Aspekte wird in *Lekcja 7* erklärt.

Mam ochotę na ...

Nach dem Ausdruck *Mam ochotę na* ... (Ich habe Lust auf ...) steht das Substantiv im Akkusativ (→ Grammatikkapitel): *Mam ochotę na zupę*. (Ich habe Lust auf Suppe.)

Z ziemniakami

Hier stehen die Wörter *ziemniak* (Kartoffel) und *grzyb* (Pilz) im Instrumental Plural: *z ziemnakami* (mit Kartoffeln), *z grzybami* (mit Pilzen).

Barszczyk

Die Polen benutzen in der Umgangssprache sehr oft Verkleinerungen. *Barszczyk* ist die Verkleinerungsform von *barszcz* (Rote-Bete-Suppe).

DIE POLNISCHE KÜCHE

Die polnische Küche ist sehr üppig, wohlschmeckend und vielfältig. Das bekannteste traditionelle Gericht ist *bigos* – ursprünglich ein Jagdgericht, das unter anderem aus gekochtem Sauerkraut, gebratenem Fleisch, getrockneten Steinpilzen, gerösteten Zwiebeln und Wurststücken besteht. Wenn Sie Wurst mögen, sollten Sie unbedingt *kiełbasa myśliwska* (Jagdwurst) oder *kiełbasa jałowcowa* (in Wacholderrauch geräucherte Wurst) probieren. Berühmt ist auch *barszcz*, die Rote-Bete-Suppe, die in vielen Varianten serviert wird: z.B. klar oder mit so genannten „Öhrchen", d.h. mit kleinen gefüllten Teigtaschen, *barszcz z uszkami* oder *z krokietem*. Unter *krokiet* versteht man nicht nur eine Kartoffelkrokette, sondern auch frittierte Pfannkuchenteig-Röllchen mit verschiedenen, hauptsächlich Hackfleischfüllungen. Beliebt ist auch *zupa ogórkowa* (Gurkensuppe aus eingelegten Salzgurken) und *żurek*, eine säuerliche Roggenschrotsuppe mit Speck, Kartoffeln und Knoblauch. Obwohl die Polen sehr gerne Fleischgerichte essen, findet man auf der Speisekarte auch verschiedene Fischarten, z.B. *sandacz* (Zander), *pstrąg* (Forelle) oder *karp* (Karpfen). Als Beilage wird zu Fleischgerichten oft *kasza gryczana* (Buchweizengrütze) gereicht und *mizeria*, ein Salat aus frischen Gurken mit Sahne.

Teraz Pan/Pani 2|8–9

a.

- Co podać do picia?
- ▶ Proszę jasne piwo.

1. Proszę jasne piwo.
2. Sok pomarańczowy.
3. Wodę mineralną.
4. Ciemne (dunkles) piwo, proszę.

b.

- Czy państwo już wybrali?
- ▶ Tak, proszę zupę pomidorową i kotlet schabowy.

1. Tak, proszę zupę pomidorową i kotlet schabowy.
2. Poproszę barszcz i pierogi.
3. Tak, proszę dwie parówki i frytki.
4. Proszę rosół z makaronem i bigos.

Rozmowa 3 2|10

Krzysztof ▲ und Karolina ◆ unterhalten sich darüber, was sie zum Nachtisch bestellen und rufen dann den Kellner ●.

▲ Chcesz coś na deser? Wiem, że lubisz lody.
◆ Tak, ale dzisiaj mam ochotę na tort czekoladowy.
▲ Proszę pana!
● Wszystko w porządku? Smakowało państwu?
▲ Tak, dziękuję. Proszę jeszcze tort czekoladowy i jagody z bitą śmietaną.
● Może lampkę wina albo wódeczkę?
▲ Nie, dziękuję. Rachunek proszę.
● Proszę bardzo.

▲ Willst du etwas zum Nachtisch? Ich weiß, dass du Eis magst.
◆ Ja, aber heute habe ich Lust auf Schokoladentorte.
▲ Herr Ober!
● Alles in Ordnung? Hat es Ihnen geschmeckt?
▲ Ja, danke. Bitte noch Schokoladentorte und Blaubeeren mit Schlagsahne.
● Vielleicht ein Glas Wein oder einen Wodka?
▲ Nein, danke. Die Rechnung, bitte.
● Bitte sehr.

Den Kellner rufen

Den Kellner ruft man: *Proszę pana!*, die Kellnerin: *Proszę pani!* Wenn man Trinkgeld *(napiwek)* geben will, sagt man: *To dla pana/pani* (das ist für Sie) oder: *Reszta dla pana/pani* (der Rest ist für Sie.)

Lody

Das Wort *lody* (Speiseeis) ist ein Pluralwort. *Te lody są dobre.* (Dieses Speiseeis ist gut.)

ALKOHOLISCHES

Unter den alkoholischen Getränken *(napoje alkoholowe)* ist der polnische Wodka *(wódka)* weltbekannt. Es werden unterschiedliche Sorten angeboten, z. B. *wódka czysta*, der klare Wodka mit ca. 45 % Alkoholgehalt, der eigentlich nur aus Spiritus und Wasser besteht. Wie vorher schon erwähnt, benutzen die Polen sehr gerne Verkleinerungsformen, so wird der Wodka oft *wódeczka* genannt. Eine alte Spezialität ist *Krupnik,* ein Honiglikör mit Gewürzen, der nach einem alten Rezept hergestellt wird. (Beachten Sie, dass der Name *krupnik* auch eine zweite Bedeutung hat, und zwar: Graupensuppe). Eine andere Honigspezialität ist *Miód pitny,* eine Art Honigwein, der in traditionellen Keramikflaschen verkauft wird. Die Bezeichnung für trockenen Wein lautet *wino wytrawne*. Wenn man um ein Glas Wein bittet, sagt man: *proszę lampkę wina.* Der Begriff *szampan* steht nicht nur für Champagner, sondern auch für Sekt.

Teraz Pan/Pani 2|11-12

a.

- Chcesz coś na deser?
- ▶ Tak, lody.

1. Tak, lody.
2. Jagody z bitą śmietaną.
3. Tak, tort czekoladowy, proszę.
4. Tak, szarlotkę.
5. Mam ochotę na sernik.
6. Nie nic, dziękuję.

b.

- ▶ Proszę pana!
- Tak, słucham?
- ▶ Rachunek proszę.

1. pana/Rachunek proszę.
2. pani/Proszę jeszcze jeden sok pomarańczowy.
3. pana/Proszę lampkę wina.
4. pani/Poproszę jeszcze jedno piwo.

Gramatyka

1 Die Verben *pić, jeść, lubić* und *chcieć* – Präsens

Das Verb *jeść* wird genauso wie das Verb *wiedzieć* (→ *Lekcja 2*) konjugiert.
Das Verb *chcieć* wird nach dem Konjugationsmuster *-ę, -esz* konjugiert.

	pić	**trinken**	***lubić***	**mögen**
(ja)	*pij**ę***	ich trinke	*lubi**ę***	ich mag
(ty)	*pij**esz***	du trinkst	*lubi**sz***	du magst
on, ona, ono/ pan, pani	*pij**e***	er, sie, es trinkt/ Sie trinken	*lub**i***	er, sie, es mag/ Sie mögen
(my)	*pije**my***	wir trinken	*lubi**my***	wir mögen
(wy)	*pije**cie***	ihr trinkt	*lubi**cie***	ihr mögt
oni, one/ państwo	*pij**ą***	sie trinken/ Sie trinken	*lubi**ą***	sie mögen/ Sie mögen

2 Das Substantiv und das Adjektiv – Akkusativ Singular

Der Akkusativ (wen? was?) wird nach bestimmten Verben, z. B. *mieć, poprosić/prosić, jeść, pić, lubić, chcieć, kochać* (lieben) und einigen Präpositionen, z. B. *na* verwendet. Man unterscheidet bei den Maskulina zwischen belebten Substantiven, die Menschen und Tiere bezeichnen, und unbelebten, d. h. allen anderen Substantiven. Im Akkusativ haben belebte und unbelebte männliche Substantive unterschiedliche Endungen: *Lubię Krzysztof**a*** (Ich mag Krzysztof), aber: *Lubię miód* (Ich mag Honig). Bei männlichen unbelebten und sächlichen Substantiven stimmt der Akkusativ mit dem Nominativ überein.
Die Endungen der Adjektive, die bei männlichen Substantiven stehen, hängen davon ab, ob es sich um ein belebtes oder unbelebtes Substantiv handelt: *Mam mił**ego** chłopak**a*** (Ich habe einen netten Freund), aber: *Mam dobry chleb* (Ich habe gutes Brot).
Die weiblichen Akkusativendungen, wie man unten in der Tabelle sieht, sind nicht so kompliziert und lauten entsprechend ***-ę*** und ***-ą***: *Lubię dobr**ą** kaw**ę*** (Ich mag einen guten Kaffee).

	Nominativ Singular	**Akkusativ Singular**
maskulin belebt	*miły pan* (netter Herr)	*mił**ego** pan**a***
maskulin unbelebt	*dobry chleb* (gutes Brot)	*dobr**y** chleb*
feminin	*dobra kawa* (guter Kaffee)	*dobr**ą** kaw**ę***
neutral	*dobre piwo* (gutes Bier)	*dobr**e** piwo*

3 Das Substantiv und das Adjektiv – Nominativ Plural und Akkusativ Plural (Sachform)

Hier entspricht der Akkusativ Plural dem Nominativ Plural.
Die wichtigsten Endungen für die Substantive lauten:

-a für alle Neutra
-i für maskuline und feminine Substantive, die auf -k oder -g auslauten
-y für den Rest der Substantive

(Die vollständige Übersicht der Nominativ- und Akkusativ-Endungen finden Sie im Grammatikanhang).
Bei Adjektiven lautet die Endung immer ***-e.***

Bemerkung: Männliche Substantive, die im Nominativ Singular in der letzten Silbe ein *-(i)e* haben, verlieren dieses *-(i)e* in den anderen Fällen:

Nominativ Singular
*To jest mój rachun**e**k.* (Das ist meine Rechnung.)

Nominativ Plural
To są moje rachunki. (Das sind meine Rechnungen.)

Oder:

Nominativ Singular
*To jest Jan**e**k.* (Das ist Janek.)

Akkusativ Singular
Lubię Janka. (Ich mag Janek.)

	Nominativ Plural	**Akkusativ Plural**
maskulin (außer männliche Personen)	*dobr**e** chleb**y*** (gute Brote) *śwież**e** rogalik**i*** (frische Hörnchen)	*dobr**e** chleb**y*** *śwież**e** rogalik**i***
feminin	*dobr**e** kaw**y*** (gute Kaffees) *śwież**e** bułk**i*** (frische Brötchen)	*dobr**e** kaw**y*** *śwież**e** bułk**i***
neutral	*dobr**e** piw**a*** (gute Biere)	*dobr**e** piw**a***

Ćwiczenia

Ćwiczenia pisemne

1. Ergänzen Sie mit *chciałbym, chciałabym* ...

a. Krzysztof und Karolina sagen: *Chcielibyśmy dwa jajka na miękko.*
b. Karolina sagt: ____________ lampkę wina.
c. Krzysztof sagt: ____________ rosół.
d. Pan Woźnak und Krzysztof sagen: ____________ zjeść obiad.
e. Pani Woźniak und Karolina sagen: ____________ coś na deser.
f. Und was sagen Sie? ____________ mówić dobrze po polsku.

2. Bitten Sie jeweils um zwei ...

a. Krapfen *Proszę/Poproszę dwa pączki.*
b. Brötchen ____________
c. Eier ____________
d. Wiener Würstchen ____________
e. Apfelkuchen ____________
f. Hörnchen ____________
g. Joghurt ____________

3. Ordnen Sie die Substantive nach den Nominativ-Plural-Endungen.

sałatka – chleb – cytryna – bułka – jajko – ser – kiełbasa – kiełbaska – jogurt – sok – szarlotka – rogalik – parówka – osoba – biuro – stolik – piwo – grzyb – kotlet – ziemniak – surówka – zupa – sernik – tort – wino – dżem

-i	-y	-a

4. Bilden Sie Sätze. Achten Sie auf die Verbformen und die Akkusativendungen.

a. kochać – on – Karolina — *On kocha Karolinę.*
b. ty – Krzysztof – lubić – czy — ~~Ty~~ Czy ty lubisz Krzysztofa?
c. my – na śniadanie – pić – kawa — My na śniadanie pijemy kawa.
d. zupa pomidorowa – chcieć – ja – i – bigos — Ja chcę zupa pomidorowa i bigos.
e. dzisiaj – jeść – jajecznica – na kolację – my — My dzisiaj na kolację jemy jajecznica.
f. ja – dostać – jajko – jedno – móc — Ja mogę dostać jedno jajko. ?
g. lubić – Michał – ja — Ja lubię Michała

5. Ergänzen Sie die richtige Verbform (Präsens).

a. Ja nic nie ________________ . — *chcieć*
b. *(Ty)* ________________ makowiec? — *lubić*
c. Moje dziecko ________________ na śniadanie mleko. — *pić*
d. Co *(ty)* ________________ ________________ ? — *chcieć/jeść*
e. Oni ________________ zupę ogórkową. — *jeść*

6. Was passt zusammen? Ergänzen Sie.

bezalkoholowe – schabowy – czekoladowy – mineralna – pomidorowa – pomarańczowy

a. tort czekoladowy
b. piwo bezalkoholowe
c. zupa pomidorowa
d. woda ~~pom~~ mineralna
e. sok pomarańczowy
f. kotlet schabowy

7. Gestalten Sie eine Speisekarte.

sandacz w śmietanie – piwo bezalkoholowe – lody ze śmietaną – wódka czysta – bigos z bagietką – barszcz z uszkami – jagody – wino białe wytrawne – tort czekoladowy – herbata z rumem – kotlet schabowy z frytkami – szampan – pierogi z jagodami – rosół – zupa pomidorowa – pierogi z kapustą – sernik – zupa ogórkowa – szarlotka – pstrąg z ziemniakami – herbata z cytryną – piwo jasne – żurek – woda mineralna

Zupy	Drugie dania	Desery	Napoje bezalkoholowe

Napoje alkoholowe

8. Übersetzen Sie ins Polnische.

a. Ich möchte etwas essen.

____

b. Ein Brot und zwei Brötchen, bitte.

____

c. Ich mag polnische Wurst.

____

d. Für mich bitte einen Käsekuchen und ein Glas Wein.

____

e. Danke, es hat alles sehr gut geschmeckt.

____

f. Haben Sie frische Hörnchen?

____

g. Meine Kinder mögen Wiener Würstchen.

____

h. Entschuldigung, aber die Wurstwaren sind nicht frisch.

____

i. Ich habe Lust auf einen Apfelkuchen mit Schlagsahne.

____

j. Wo ist die Toilette?

____

TOILETTE

Wenn man nach der Toilette fragt, kann man das Wort *toaleta* oder die Abkürzung *WC* [wu–cä] benutzen. Häufig findet man das Symbol ● für die Damentoilette und ▼ für die Herrentoilette. Die Benutzung der öffentlichen Toiletten ist im Allgemeinen gebührenpflichtig.

GARDEROBE

In polnischen Restaurants befindet sich oft gleich nach dem Eingang eine Garderobe, wie das in Deutschland z. B. im Theater üblich ist. Man erwartet, dass die Gäste ihre Mäntel und Jacken dort ablegen.

Ćwiczenia z CD

1. Die stimmlose Aussprache von: *rz, dz, g* und *w*. Hören Sie zu und sprechen Sie nach. 2|13
Krzysztof – przed – strzeżony – szwedzki – trzy – parking – wszystko – wszędzie – przykro

2. Sie hören ein Gespräch mit einem Kellner (●). Was sagt der Gast (◆)? Ergänzen Sie. 2|14
● Dzień dobry pani! Czy podać coś do picia?
◆ ______________________________
● Proszę bardzo. Coś jeszcze?
◆ ______________________________
● Z bitą śmietaną?
◆ ______________________________

3. Was isst Jurek zu Abend? Hören Sie zu und kreuzen Sie an. 2|15

	TAK	NIE
a. chleb	☐	☐
b. dżem	☐	☐
c. dwie kiełbaski	☐	☐
d. dwie bułki	☐	☐
e. jeden jogurt	☐	☐
f. dwa pączki	☐	☐
g. herbatę z cytryną	☐	☐

4. Hanka und Adam sind im Restaurant. Was wollen sie essen und trinken? Was empfiehlt die Kellnerin? Hören Sie zu und antworten Sie. 2|16
a. Czy Hanka i Adam chcą zjeść kolację? *Nie, oni chcą zjeść obiad.*
b. Co poleca kelnerka? ______________________________
c. Czy Adam chce zupę? ______________________________
d. Co chce zjeść Hanka? ______________________________
e. Czy Adam lubi pierogi? ______________________________

5. Hören Sie den folgenden Zweizeiler, ergänzen Sie ihn und lernen Sie ihn auswendig. 2|17
Na śniadanie dzisiaj jem
Bułki, masło ______________________ i dżem.

6. Arbeiten Sie nun die weiteren mündlichen Übungen auf der CD durch. 2|18

Ważne słówka i zwroty

Wünsche äußern

Poproszę/Proszę ...	Bitte ...
Chciałbym/Chciałabym ...	Ich möchte ...
Chcę ...	Ich will ...
Mam ochotę na ...	Ich habe Lust auf ...

Sagen, dass man Hunger/Durst hat

Jestem głodny/głodna.	Ich bin hungrig.
Chce mi się jeść.	Ich habe Hunger.
Chce mi się pić.	Ich habe Durst.

Mahlzeiten

śniadanie	Frühstück
obiad	Mittagessen
kolacja	Abendessen

Typisch polnische Getränke und Speisen

piwo	Bier
wódka	Wodka
barszcz	Rote-Bete-Suppe
flaczki	Kutteln
żurek	Roggenschrotsuppe
zupa ogórkowa	Salzgurkensuppe
zupa grzybowa	Pilzsuppe
bigos	Bigos
pierogi	„Maultaschen“
gołąbki	Kohlrouladen mit Hackfleisch und Reis
kasza gryczana ze skwarkami	Buchweizengrütze mit geröstetem Speck

Weitere Wendungen

Bardzo smakowało.	Es hat sehr gut geschmeckt.
Proszę lampkę wina.	Bitte ein Glas Wein.
Wszystko w porządku?	Alles in Ordnung?
Rachunek proszę.	Die Rechnung, bitte!
Chętnie.	Gerne.
To dla pana/pani.	Das ist für Sie.

Lekcja 5

W galerii handlowej

5 Lekcja
W galerii handlowej

Rozmowa 1 2|19

Kamil ◆ und Maria ▲ besuchen ein Einkaufszentrum und überlegen, was sie kaufen müssen. Dann sprechen sie mit dem Verkäufer ●.

◆ Co musimy kupić?

▲ Najpierw kilka widokówek, parę znaczków i bilety tramwajowe.

◆ Dobrze.

▲ Dzień dobry. Poproszę te widokówki, pięć znaczków i sześć biletów tramwajowych.

● Proszę bardzo. Znaczków nie mam, ale tam jest poczta. To wszystko?

▲ Nie, ma pan mapę Polski i plan Warszawy?

● Plan miasta, tak. Mapy, niestety, nie mam.

◆ Nie szkodzi, proszę jeszcze małą butelkę wody mineralnej i paczkę chusteczek higienicznych.

◆ Was müssen wir kaufen?

▲ Zuerst einige Ansichtskarten, ein paar Briefmarken und Straßenbahnfahrkarten.

◆ Gut.

▲ Guten Tag. Bitte, diese Ansichtskarten, fünf Briefmarken und sechs Straßenbahnfahrkarten.

● Bitte sehr. Briefmarken habe ich nicht, aber dort ist die Post. Ist das alles?

▲ Nein, haben Sie eine Polenkarte und einen Stadtplan von Warschau?

● Ja, ich habe einen Stadtplan. Leider habe ich keine Landkarte.

◆ Macht nichts, bitte noch eine kleine Flasche Mineralwasser und eine Packung Papiertaschentücher.

Widokówek, znaczków, biletów ...

Die Wörter *Warszawy, widokówek, znaczków, biletów, mapy, wody mineralnej* und *chusteczek higienicznych* stehen hier im Genitiv (→ Grammatikkapitel).
Die wichtigsten Städtenamen lauten im Genitiv:

Kraków	→	*Krakowa*	*Wrocław*	→	*Wrocławia*
Łódź	→	*Łodzi*	*Poznań*	→	*Poznania*
Katowice	→	*Katowic*	*Gdańsk*	→	*Gdańska*

Nie szkodzi

Nie szkodzi, wörtlich „es schadet nicht", ist eine feste Redewendung und wird sehr oft als Reaktion auf eine Entschuldigung gebraucht: *Przepraszam, ale znaczków nie mam. – Nie szkodzi.* (Entschuldigung, aber ich habe keine Briefmarken. – Macht nichts.)

Teraz Pan/Pani 2|20–21

a.

▶ Poproszę pięć widokówek i chusteczki.
■ Chusteczek nie ma.
▶ Nie szkodzi.

1. pięć widokówek/Nie szkodzi.
2. dziesięć znaczków/Nie szkodzi. Ile płacę?
3. butelkę wody/Aha, no dobrze. Ile płacę?

b.

▶ Ma pan mapę Polski i plan Warszawy?
■ Tak, oczywiście.

1. Warszawy
2. Krakowa
3. Poznania
4. Wrocławia

Rozmowa 2 2|22

Maria ▲ sieht in einem Geschäft modische Jeans und will sie unbedingt anprobieren. Kamil ◆ will ein T-Shirt kaufen und spricht die Verkäuferin ● an.

◆ Dzień dobry, szukam białej koszulki, rozmiar 50.	◆ Guten Tag, ich suche ein weißes T-Shirt, Größe 50.
● Proszę bardzo.	● Bitte sehr.
◆ Ile płacę?	◆ Wie viel zahle ich?
● 25 złotych.	● 25 Zloty.
▲ Przepraszam, ile kosztują te dżinsy?	▲ Entschuldigung, wie viel kostet diese Jeans?
● 190 złotych. Chce pani przymierzyć?	● 190 Zloty. Wollen Sie sie anprobieren?
▲ Nie, dziękuję, to za drogo. Kamil, podoba ci się ten niebieski sweter albo ta czarna kurtka? Ta czerwona bluzka też jest fajna! Do tego świetnie pasuje ten szary szalik.	▲ Nein, danke, die ist zu teuer. Kamil, gefällt dir dieser blaue Pulli oder diese schwarze Jacke? Diese rote Bluse ist auch toll! Dazu passt ausgezeichnet dieser graue Schal.
◆ Chodźmy już, Marysiu! Musimy jeszcze kupić inne rzeczy. Do widzenia!	◆ Gehen wir jetzt, Marysia! Wir müssen noch andere Sachen kaufen. Auf Wiedersehen!

Szukać

Nach dem Verb *szukać* (suchen) folgt der Genitiv: *Szukam koszulki.* (Ich suche ein T-Shirt.)

Dżinsy

Das Wort *dżinsy* (Jeans), ebenso wie *spodnie* (Hose) und *okulary* (Brille), ist ein Pluralwort: *Te dżinsy są drogie* (Diese Jeans ist teuer). Achten Sie auf die polnische Schreibweise von „Jeans".

Podoba ci się?

Podoba ci się? bedeutet: „Gefällt es dir?" Wenn einem etwas gefällt, sagt man: *Podoba mi się* ... oder *To mi się podoba*. Siehe auch *Lekcja 8*.

Farben

Weitere *kolory* (Farben):
różowy (rosa), *zielony* (grün), *brązowy* (braun), *żółty* (gelb), *fioletowy* (lila), *pomarańczowy* (orange)

Kosenamen

Vornamen werden in Polen sehr oft in Form von gefühlsbetonten Kosenamen gebraucht. Die Wortbildung ist sehr vielfältig. Hier einige Beispiele:
Maria: → Marysia, Maryna, Marysieńka, Maryśka ...
Małgorzata: → Małgosia, Małgośka, Gośka, Gosia ...
Anna: → Ania, Anka, Anulka, Aneczka ...
Zbigniew: → Zbyszek, Zbysiu, Zbych ...
Tomasz: → Tomek, Tomeczek, Tomuś, Tomcio ...
Jan: → Janek, Jaś, Jasiu, Janeczek ...

Der Name *Marysia* steht im Text im Vokativ: *Marysiu*. Die häufigste Endung der Verniedlichungsformen von Vornamen ist im Vokativ *-u*: *Marysiu, Janku, Tomeczku*. (Siehe auch *Lekcja 10*).

Teraz Pan/Pani

2|23–24

a.

▶ Szukam koszulki.
■ Jaki rozmiar i jaki kolor?
▶ Biały, rozmiar 36.

1. koszulki/Biały, 36
2. bluzki/Czerwony, 40
3. kurtki/Czarny, 48
4. dżinsów/Niebieski, 42
5. swetra/Szary, 50

b.

▶ Ile kosztują te dżinsy?
■ 90 złotych.

1. kosztują te dżinsy
2. kosztuje ten szalik
3. kosztuje ta bluzka
4. kosztuje ten sweter
5. kosztują te spodnie

Rozmowa 3 2|25

Maria ▲ und Kamil ◆ setzen ihren Einkaufsbummel fort und unterhalten sich darüber, was sie noch kaufen müssen.

◆ Oj, już późno, a my nie mamy jeszcze prezentu dla twojej mamy. Chyba kupimy kryształowy wazon albo coś z bursztynu, jak myślisz?

▲ Masz rację. Kupimy to u jubilera, ale nie teraz, bo nie mamy czasu. Zobacz, tam jest stoisko z owocami. Musimy kupić dwa kilo jabłek, pół kilo truskawek i parę bananów. Nie mamy też cytryn.

◆ A potem zapraszam cię do kawiarni na kawę!

◆ Oh, es ist schon spät und wir haben noch kein Geschenk für deine Mutter. Vielleicht kaufen wir eine Kristallvase oder etwas aus Bernstein, was denkst du?

▲ Du hast recht. Wir kaufen das beim Juwelier, aber jetzt nicht, weil wir keine Zeit haben. Schau, dort ist ein Obststand. Wir müssen zwei Kilo Äpfel, ein halbes Kilo Erdbeeren und ein paar Bananen kaufen. Wir haben auch keine Zitronen.

◆ Und dann lade ich dich ins Café ein!

Präpositionen *dla* und *do*

Nach den Präpositionen *dla* (für) und *do* (bis, nach, zu) folgt der Genitiv: *dla twojej mamy* (für deine Mama), *do domu* (nach Hause).

Myśleć

Das Verb *myśleć* (denken) wird nach dem *-ę, -isz* Muster konjugiert, genauso wie das Verb *płacić* (zahlen) → *Lekcja 3*.

Stoisko z owocami

Stoisko z owocami bedeutet wörtlich: „Stand mit Früchten". Das Wort *owocami* steht hier im Instrumental Plural *(→ Lekcja 6)*.

Mengenangaben

Die Mengenangaben *kilo* (Kilo), *pół kilo* (halbes Kilo) und *deka* (Dekagramm) bleiben unverändert. *Deka* ist die Abkürzung von *dekagram* (1 Dekagramm = 10 Gramm), die beim Einkaufen benutzt wird. Nach Mengenangaben folgt immer der Genitiv.

Zapraszać

Das Verb *zapraszać* (einladen) wird im Alltag sehr häufig verwendet, z. B. im Sinne von „treten Sie ein", „fangen wir an", „gehen wir" usw. Es wird nach dem *-am, -asz* Muster konjugiert, so wie das Verb *nazywać się (→ Lekcja 1)*. Nach *zapraszać na* folgt der Akkusativ: *Zapraszam na kawę*. (Ich lade zum Kaffee ein.) Nach *zapraszać do* folgt wegen der Präposition *do* (bis, nach, zu in) der Genitiv: *Zapraszam cię do kawiarni.* (Ich lade dich ins Café ein.)

POLNISCHE ANDENKEN

Polen ist für seine Bernsteinartikel berühmt. Man kann sie nicht nur an der Ostseeküste, sondern überall in Polen kaufen. Das Angebot reicht von Schmuck und unterschiedlichen Kunstgegenständen über Schachspiele bis hin zu Lampenschirmen. Im Tatra-Gebirge kann man geschnitzte Figuren, Teller und Schatullen kaufen, aber auch handgestrickte Pullover und Socken aus Schafwolle. Zu den traditionellen Souvenirs gehören auch Vasen, Weingläser oder Karaffen aus Bleikristall, außerdem gehäkelte Spitzentischdecken und Servietten. Andere klassische Mitbringsel sind handgewebte Wandteppiche, Trachtenpuppen und Keramik aus Bunzlau *(Bolesławiec)*. All diese Andenken kann man in den traditionellen *Cepelia*-Geschäften oder den zahlreichen Geschenkläden kaufen. Die wahrscheinlich größte Auswahl von Andenken finden Sie in den Tuchhallen *(Sukiennice)* in Krakau. Wer Kulinarisches bevorzugt, kann den geräucherten Schafskäse *oscypek* aus der Gegend um *Zakopane* oder die leckeren Lebkuchen *(toruńskie pierniki)* aus Thorn *(Toruń)* kaufen.

Teraz Pan/Pani 2|26–27

a.

■ Co dla pani?
▶ Proszę kilo cytryn.

1. Proszę kilo cytryn.
2. Poproszę pół kilo truskawek.
3. 20 deka sera.
4. 3 kilo jabłek i dwa banany.

b.

■ Mam ochotę na kawę.
▶ Zapraszam cię do kawiarni!

1. do kawiarni
2. na kawę
3. do restauracji
4. na kolację

Gramatyka

1 Die Verben *kupić* und *musieć* – Präsens

Das Verb *kupić* wird genauso wie das Verb *lubić* (→ *Lekcja 4*) konjugiert. Das Verb *musieć* wird wie folgt konjugiert:

	musieć	**müssen**
(ja)	*musz**ę***	ich muss
(ty)	*mus**isz***	du musst
on, ona, ono/pan, pani	*mus**i***	er, sie, es muss/Sie müssen
(my)	*musi**my***	wir müssen
(wy)	*musi**cie***	ihr müsst
oni, one/państwo	*musz**ą***	sie müssen/Sie müssen

2 Der Genitiv – Gebrauch

Wie Sie vielleicht schon bemerkt haben, wird der Genitiv (wessen?) in der polnischen Sprache sehr oft verwendet. Er wird nicht nur zur Besitzanzeige gebraucht, z. B. *dom mojej mamy* (das Haus meiner Mama), sondern auch:

- nach **bestimmten Verben**: *szukam kurtki* (ich suche eine Jacke), *szukam dżinsów* (ich suche eine Jeans);
- nach vielen **Präpositionen:** z. B. *dla, do, u, z: To jest dla Anny.* (Das ist für Anna.), *u jubilera* (beim Juwelier), *On jest z Polski.* (Er ist aus Polen.);
- nach Verben mit Akkusativ, die **verneint** sind:
  Ja mam dom. (Ich habe ein Haus.) Das Substantiv *dom* steht hier im Akkusativ.
  Ja nie mam domu. (Ich habe kein Haus.) Das Substantiv *dom* steht hier im Genitiv.
  Lubimy bułki. (Wir mögen Brötchen.) Das Substantiv *bułka* steht hier im Akkusativ.
  Nie lubimy bułek. (Wir mögen keine Brötchen.) Das Substantiv *bułka* steht hier im Genitiv.
- nach **Mengenangaben**: *dużo wody* (viel Wasser), *mało chleba* (wenig Brot), *trochę kawy* (ein bisschen Kaffee), *kilo jabłek* (ein Kilo Äpfel) und nach dem Fragewort *ile?* (wie viel/-e?).
- nach den **Zahlen** von 5 bis 21, von 25 bis 31, von 35 bis 41, von 45 bis 51 usw.:
  2, 3, 4, 2**2**, 2**3**, 2**4**, ... *rogaliki*, (2, 3, 4, 22, 23, 24 Hörnchen), aber: 5, 6 ... 21, 25, 26, ... *rogalików*, (5, 6 ... 21, 25, 26 Hörnchen). Es kommt noch eine Besonderheit bei Zahlenangaben hinzu.
  Das Verb steht in diesem Zusammenhang in der 3. Person Singular. Vergleichen Sie:
  *Tu **są*** (3. Person Plural) *2 **banany.*** (Nominativ Plural) (Hier sind 2 Bananen.)
  *Tu **jest*** (3. Person Singular) *5 **bananów.*** (Genitiv Plural) (Hier sind 5 Bananen.)

3 Das Substantiv und das Adjektiv - Genitiv Singular und Plural

	Nominativ Singular	Genitiv Singular	Genitiv Plural
maskulin belebt	*miły pan* (netter Herr)	*mił**ego** pan**a***	*mił**ych** pan**ów***
maskulin unbelebt	*dobry chleb* (gutes Brot) *dobry sok* (guter Saft)	*dobr**ego** chleb**a*** *dobr**ego** sok**u***	*dobr**ych** chleb**ów*** *dobr**ych** sok**ów***
feminin	*dobra kawa* (guter Kaffee) *świeża bułka* (frisches Brötchen)	*dobr**ej** kaw**y*** *śwież**ej** bułk**i***	*dobr**ych** kaw* *śwież**ych** buł**e**k*
neutral	*dobre piwo* (gutes Bier)	*dobr**ego** piw**a***	*dobr**ych** piw*

Die Endungen für die Substantive im Genitiv Singular lauten:

-a Für alle Neutra und für alle belebten männlichen Substantive (d. h. Substantive, die Lebewesen bezeichnen) sowie für manche unbelebten Substantive (keine Lebewesen).

-u Für die Mehrheit der unbelebten männlichen Substantive. Da es hier keine klare Regel gibt, wann die unbelebten Substantive die Endung *-a* oder *-u* bekommen, ist im Wortschatz bei diesen Wörtern auch die Form des Genitiv Singular angegeben.

-i Für Feminina, die hauptsächlich auf *-k* oder *-g* auslauten.

-y Für den Rest der Substantive.

Die Neutra und die Mehrheit der femininen Substantive haben im Genitiv Plural keine Endung. Manchmal wird hier wegen der leichteren Aussprache ein ***e*** eingeschoben:
bułka (Brötchen) → *buł**e**k*
jabłko (Apfel) → *jabł**e**k*
Die wichtigste Endung für männliche Substantive ist im Genitiv Plural ***-ów***.

Die Endungen für den Genitiv Singular bei Adjektiven (und Pronomen) lauten:
-ego für Maskulina und Neutra
-ej für Feminina
Im Genitiv Plural haben die Adjektive für alle Geschlechter meist die Endung ***-ych***.

Ćwiczenia

Ćwiczenia pisemne

1. Sagen Sie, dass Sie Folgendes nicht wollen. Benutzen Sie dabei den Genitiv Singular.

a. Weibliche Substantive:

ta widokówka *Nie chcę tej widokówki.*
kawa ______
herbata ______
bułka ______
woda mineralna ______
czarna kurtka ______
ta czerwona bluzka ______

b. Männliche Substantive:

ten sweter *Nie chcę tego swetra.*
ten banan ______
ten szary szalik ______
pomarańczowy sok ______
bigos ______

c. Sächliche Substantive:

jajko na miękko ______
jasne piwo ______
jabłko ______

2. Sagen Sie, dass Sie Folgendes nicht mögen. Benutzen Sie dabei den Genitiv Plural.

a. pączki *Nie lubię pączków.*
b. bułki ______
c. jajka ______
d. parówki ______
e. rogaliki ______
f. truskawkowe jogurty ______
g. zielone jabłka ______

3. Ergänzen Sie die Verbformen. Achten Sie auf die **Mengenangaben**.

a. Tu *(być)* ______ nasze **dwa** paszporty.
b. **Pięć** biletów *(kosztować)* ______ dziesięć złotych.
c. **Kilka** osób *(szukać)* ______ parkingu.
d. Tam *(być)* ______ **trochę** owoców.
e. **Dwie** panie *(jeść)* ______ obiad.

4. Ergänzen Sie die Präpositionen *za* (2x), *dla* (2x) und *z*.

a. To ________ dużo, dziękuję.
b. Sto złotych! To ________ drogo!
c. Ten prezent jest naprawdę ________ mnie?
d. Agata jest ________ Warszawy.
e. Proszę, to ________ pani.

5. Wem gehören die Sachen? Bilden Sie Sätze und benutzen Sie den Genitiv.

a. dżinsy/Michał — *To są dżinsy Michała.*
b. pieniądze/Mateusz ________________
c. sweter/Agnieszka ________________
d. szalik/Martyna ________________
e. bluzka/Kinga ________________
f. kurtka/Kamil ________________

6. Sagen Sie, dass Sie ein bisschen von den folgenden Sachen möchten.

a. woda — *Chciałbym/Chciałabym trochę wody.*
b. zupa ________________
c. wino ________________
d. chleb ________________
e. sałatka ________________
f. kiełbasa ________________

7. Ergänzen Sie das Gespräch.

plan – chusteczki – mydło – bilety – jeszcze – złotych

◆ Proszę dwa ________ tramwajowe i ________ higieniczne.
● To wszystko?
◆ Nie, proszę ________ jedno ________. Ile kosztuje ________ Gdańska?
● 15 ________, może być?
◆ Tak, to wszystko.

8. Ergänzen Sie die passende Form von *musieć* oder *kupić*.

a. Kiedy *(ty)* ________________ prezent dla twojej dziewczyny?

b. Chciałabym ________________ coś z bursztynu.

c. Kiedy *(wy)* ________________ nowe auto?

d. Jutro *(ja)* ________________ ________________ prezent dla mojego chłopaka.

e. Chyba *(ja)* to ________________.

f. *(My)* ________________ zarezerwować pokój w hotelu.

9. Übersetzen Sie ins Polnische.

a. Nein, danke, es gefällt mir nicht.

____

b. Das passt nicht.

____

c. Gehen wir ins Café!

____

d. Das sind nicht meine Sachen.

____

e. Habt ihr morgen Zeit?

____

f. Gefällt dir diese Jacke?

____

g. Ich habe heute keine Zeit.

____

h. Wir müssen ein Geschenk für Michał kaufen.

____

i. Ich mag kein Gelb.

____

j. Wo kann ich das anprobieren?

____

Ćwiczenia z CD

1. Die Aussprache von *y*, *e* und *i*. Hören Sie zu und sprechen Sie nach. 2|28

Maria – wyjście (Ausgang) – wejście (Eingang) – przyszłość (Zukunft) – przeszłość (Vergangenheit) – zepsuty – zepsute

2. Jola kauft in einem kleinen Lebensmittelladen ein. Was kauft sie? Hören Sie zu und kreuzen Sie an. 2|29

		TAK	NIE
a.	kilo jabłek	☐	☐
b.	3 cytryny	☐	☐
c.	2 kilo ziemniaków	☐	☐
d.	mleko	☐	☐
e.	pół kilo truskawek	☐	☐
f.	20 deka sera	☐	☐
g.	dwie butelki wody	☐	☐
h.	cztery jogurty	☐	☐
i.	pół kilo kaszy gryczanej	☐	☐
j.	białe wino	☐	☐
k.	pięć piw	☐	☐

KLEINE LÄDEN UND SUPERMÄRKTE

Anders als in Deutschland findet man in Polen nicht nur in kleinen Orten, sondern auch im Zentrum von Großstädten kleine Lebensmittelgeschäfte *(Sklep Artykuły Spożywcze)*, die noch zu später Stunde geöffnet sind. Obwohl ihre Zahl ständig abnimmt – sie müssen ja gegen die harte Konkurrenz der Supermärkte ankämpfen –, bleiben die polnischen Kunden diesen kleinen Läden treu und kaufen gerne „um die Ecke" ein. Das Netz der Supermärkte ist sehr dicht, viele Namen kommen uns bekannt vor, da es sich hier um internationale Firmen handelt. Supermärkte sind normalerweise von 8 bis 22 Uhr geöffnet, an Sonntagen bis 20 Uhr.

3. Sie hören verschiedene Kosenamen. Versuchen Sie, sie den entsprechenden Vornamen zuzuordnen. 2|30

a. Roman ________________, ________________

b. Agata ________________, ________________

c. Karol ________________, ________________

d. Barbara ________________, ________________

4. Hören Sie den folgenden Zweizeiler, ergänzen Sie ihn und lernen Sie ihn auswendig. 2|31

Lubię żółty i zielony,
Biały, czarny i ________________.

5. Arbeiten Sie nun die weiteren mündlichen Übungen auf der CD durch. 2|32

Ważne słówka i zwroty

Nach Waren fragen

Ma pan/pani ...?	Haben Sie ...?
Czy jest/są ...	Ich möchte ...
Szukam ...	Ich suche ...

Mengen angeben

Poproszę kilo ...	Bitte ein Kilo ...
Poproszę pół kilo ...	Bitte ein halbes Kilo ...
Poproszę pół chleba.	Bitte ein halbes Brot.

Obst und Gemüse

truskawki	Erdbeeren
jabłka	Äpfel
czereśnie	Kirschen
gruszki	Birnen
jagody	Blaubeeren
morele	Aprikosen
brzoskwinie	Pfirsiche
śliwki	Pflaumen
ziemniaki	Kartoffeln
pomidory	Tomaten
ogórki	Gurken
kapusta	Kohl
czosnek	Knoblauch
cebula	Zwiebel

Weitere Wendungen

Nie szkodzi.	Das macht nichts.
To za drogo.	Das ist zu teuer.
Chodźmy!	Gehen wir!
Masz rację.	Du hast recht.
To mi nie pasuje.	Das passt mir nicht.
To mi się podoba.	Das gefällt mir.
Jak myślisz?	Was denkst du?
Przykro mi, ale nie mam czasu.	Es tut mir leid, aber ich habe keine Zeit.
Zapraszam!	Ich lade ein!/Treten Sie ein!

Lekcja 6

Rodzina

Rozmowa 1 2|33

Kasia ◆ hat heute Namenstag und feiert mit ihren Freunden Marta ● und Krystian ▲. Ihr Mann Maciek ● ist auch dabei.

● Kochana Kasiu, wszystkiego najlepszego z okazji imienin!	● Liebe Kasia, alles Gute zum Namenstag!
◆ Dziękuję bardzo!	◆ Danke schön!
▲ Proszę, to dla ciebie. Życzę ci dużo zdrowia, szczęścia i radości w życiu!	▲ Bitte, das ist für dich. Ich wünsche dir viel Gesundheit, Glück und Freude im Leben!
◆ Jakie piękne kwiaty! Dzięki. Proszę dalej. To jest mój mąż.	◆ Was für wunderschöne Blumen! Danke. Bitte, kommt herein. Das ist mein Mann.
● Dobry wieczór, Maciek jestem.	● Guten Abend, ich bin Maciek.
▲ Miło mi, Krystian. To jest Marta, moja dziewczyna.	▲ Angenehm, Krystian. Das ist Marta, meine Freundin.
◆ Siadajcie, co u was nowego?	◆ Setzt euch, was gibt's Neues bei euch?
● Nic, a u ciebie?	● Nichts, und bei dir?
◆ Ostatnio jestem bardzo zajęta i chyba zmienię pracę.	◆ In letzter Zeit bin ich sehr beschäftigt gewesen und wahrscheinlich wechsle ich die Arbeit.
▲ Tak, dlaczego?	▲ Ja, warum?
◆ Bo codziennie muszę pracować do wieczora, czasem nawet w soboty i w niedziele. W czwartek mam rozmowę kwalifikacyjną w banku. Ale nie mówmy teraz o pracy.	◆ Weil ich täglich bis zum Abend arbeiten muss, manchmal sogar an Samstagen und Sonntagen. Am Donnerstag habe ich ein Vorstellungsgespräch in einer Bank. Aber sprechen wir jetzt nicht über die Arbeit.
● Proszę, tu jest szampan. Napijmy się, twoje zdrowie Kasiu!	● Bitte, hier ist der Sekt. Trinken wir auf Kasias Wohl!
▲ ● ● Sto lat ...	▲ ● ● Hundert Jahre, hundert Jahre ...

Imieniny

Das Wort *imieniny* (Namenstag) ist, genauso wie *urodziny* (Geburtstag), ein Pluralwort: *Dzisiaj **są** moje imieniny.* (Heute ist mein Namenstag.)

IMIENINY

In Polen wird der Namenstag oft festlicher gefeiert als der Geburtstag. Nach der katholischen Tradition hat jeder Tag des Jahres einen oder sogar mehrere Schutzpatrone. Zu den populärsten weiblichen Vornamen gehören: *Julia, Maja, Zuzanna, Wiktoria, Weronika, Aleksandra* und *Natalia*. Die beliebtesten Vornamen für Männer sind: *Jakub, Wiktor, Mateusz, Filip, Szymon* und *Michał*. Man kann in den letzten Jahren einen neuen Trend bei der Namensgebung beobachten: Die Eltern orientieren sich gerne an westlichen und amerikanischen Vornamen: *Oliwia, Patrycja, Angelika, Aneta, Patryk, Denis* und *Dawid*. Erfreulicherweise sind aber auch traditionelle polnische Vornamen wieder in Mode gekommen. Mädchen heißen wieder *Paulina* oder *Kinga*, die Jungen werden *Kacper, Bartosz* oder *Franciszek* genannt.

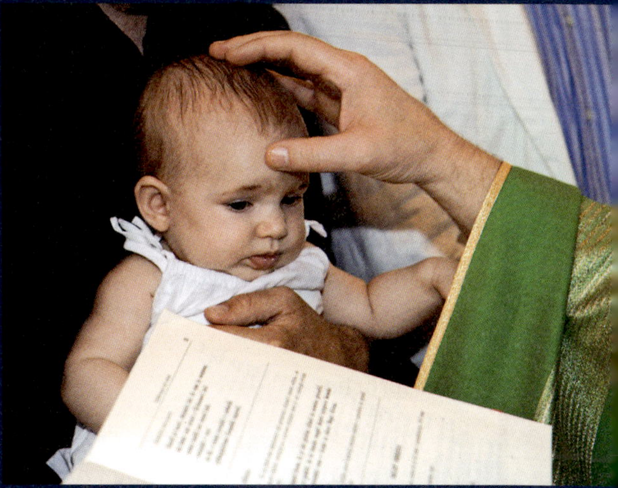

U ciebie (bei dir), *u was* (bei euch)

Sie haben schon gelernt, dass nach der Präposition *u* der Genitiv folgt. Die Pronomen *ciebie* und *was* sind also Genitivformen von *ty* (du) und *wy* (ihr). „Bei mir" heißt *u mnie*, „bei uns" *u nas*.

Dzięki

Statt *dziękuję* wird in der Umgangssprache oft das kürzere Wort *dzięki* benutzt.

Sto lat (Hundert Jahre)

ist ein traditionelles polnisches Namenstags- und Geburtstagslied. Es wird auch beim Feiern anderer Anlässe wie zum Beispiel Hochzeit oder Arbeitsjubiläum gesungen. Der Text lautet:

Sto lat, sto lat,	Hundert Jahre, hundert Jahre,
Niech żyje, żyje nam!	möge er/sie (uns) leben!
Sto lat, sto lat,	Hundert Jahre, hundert Jahre,
Niech żyje, żyje nam!	Möge er/sie (uns) leben!
Jeszcze raz, jeszcze raz,	Noch einmal, noch einmal,
niech żyje, żyje nam!	Möge er/sie (uns) leben!
Niech żyje nam!	Möge er/sie (uns) leben!

Das Verb *żyć* (leben) wird nach dem Muster *-ę, -esz* konjugiert.

Siadajcie!

Die Imperativform für die 2. Person Plural lautet *siadajcie!* (setzt euch!). „Setz dich!" heißt *siadaj!* (mehr dazu in *Lekcja 9*).

Wochentage

Die Wochentage, die Sie noch nicht kennen, lauten: *poniedziałek* (Montag), *wtorek* (Dienstag) und *środa* (Mittwoch). „Am Montag", „am Dienstag" usw. heißt:
*W poniedziałek, we wtorek, w środ**ę**, w czwartek, w piątek, w sobot**ę**, w niedziel**ę**.*
Die Wochentage stehen hier im Akkusativ. Wegen der leichteren Aussprache sagt man ***we** wtorek*.

Trinksprüche

Der wohl bekannteste Trinkspruch lautet: *Na zdrowie!* (Zum Wohl!) Außerdem kann man sagen: *Twoje/wasze zdrowie!* (Auf dein/euer Wohl!) oder auch *Sto lat!* Wenn man den Damen zuprostet, benutzt man *Zdrowie pań!*

Teraz Pan/Pani 2|34–35

a.

▶ Wszystkiego najlepszego! Proszę, to dla ciebie!
■ Dziękuję bardzo!

1. Wszystkiego najlepszego! Proszę, to dla ciebie!
2. Wszystkiego najlepszego z okazji urodzin!
3. Wszystkiego najlepszego z okazji imienin!
4. Kochana Kasiu, życzę ci dużo zdrowia, szczęścia i radości!

b.

▶ Napijmy się, twoje zdrowie Andrzej!
■ Na zdrowie!

1. Napijmy się, twoje zdrowie Andrzej!
2. No to, na zdrowie!
3. Zdrowie pań!

Rozmowa 2 2|36

Kasia ◆ und Maciek ● zeigen ihren Gästen Marta ● und Krystian ▲ die neuesten Familienfotos.

◆ Chcecie zobaczyć zdjęcia?
● Chętnie!
◆ To moja matka, a to mój ojciec.
● Ile lat ma twoja mama?
◆ 52. Jest dziennikarką.
▲ Świetnie wygląda! A kim jest twój tata?
◆ Jest lekarzem, chirurgiem.
● To jest wasza córeczka, Małgosia?
◆ Tak, dzisiaj jest u babci.
● A to, kto to jest?
● To jest moja siostra, Majka.
▲ Co ona robi?
● Studiuje europeistykę i interesuje się komputerami i muzyką.
● Czy mieszka jeszcze z rodzicami?
● Nie, mieszka razem z koleżankami w akademiku.

◆ Wollt ihr die Fotos anschauen?
● Gerne!
◆ Das ist meine Mutter und das ist mein Vater.
● Wie alt ist deine Mama?
◆ 52. Sie ist Journalistin.
▲ Sie sieht blendend aus! Und was ist dein Papa von Beruf?
◆ Er ist Arzt, Chirurg.
● Ist das euer Töchterchen, Małgosia?
◆ Ja, heute ist sie bei der Oma.
● Und wer ist das?
● Das ist meine Schwester, Majka.
▲ Was macht sie?
● Sie studiert Europawissenschaft und interessiert sich für Computer und Musik.
● Wohnt sie noch bei den Eltern?
● Nein, sie wohnt zusammen mit den Freundinnen in einem Studentenwohnheim.

AUSBILDUNG

Eine gute Ausbildung ist in Polen sehr hoch angesehen. Es gibt neben den öffentlichen Bildungseinrichtungen auch einen privaten Sektor, der Kindergärten, Grundschulen, Gymnasien und zahlreiche Hochschulen umfasst. Keine Seltenheit sind auch exklusive Internate, die verstärkt Sprachenunterricht und verschiedene Freizeitaktivitäten wie Tennis oder Reiten anbieten.
Das Studium ist breit gefächert, aber ziemlich verschult. Eine selbst gewählte Zusammenstellung der Studienfächer ist an polnischen Hochschulen eher selten. Dafür ist das Studentenleben sehr lebendig und aktiv. Das Zusammengehörigkeitsgefühl der Studierenden wird durch gemeinsame Veranstaltungen wie z. B. Wanderungen oder Kabarettabende gestärkt.

Familie

Die Bezeichnungen für die Familienmitglieder lauten:

rodzice (Eltern)	=	*ojciec* (Vater) + *matka* (Mutter) oder *tata* (Papa) + *mama* (Mama)
dzieci (Kinder)	=	*syn* (Sohn) + *córka* (Tochter)
rodzeństwo (Geschwister)	=	*brat* (Bruder) + *siostra* (Schwester)
małżeństwo (Ehepaar)	=	*mąż* (Ehemann) + *żona* (Ehefrau)
dziadkowie (Großeltern)	=	*dziadek* (Großvater) + *babcia* (Großmutter)
wujostwo	=	*wujek* (Onkel) + *ciocia* (Tante)

Bemerkung: Das Wort *tata* wird, obwohl es männlich ist, wegen der Endung -***a*** im Singular wie ein feminines Substantiv dekliniert.

FAMILIE

Für die Mehrheit der Polen ist die Familie das Wichtigste im Leben. Allerdings hat sich das Bild der Familie in den letzten Jahren verändert. In der typischen polnischen Familie gibt es zwei Kinder, Mehrkinderfamilien sind seltener geworden. Die polnischen Frauen sind selbstbewusst und meistern im Alltag Beruf, Haushalt und Kindererziehung. Sie heiraten heute später und entscheiden sich immer öfter für die Karriere. Für ihre Weiblichkeit und Schönheit sind sie weit über die Grenzen Polens bekannt.
Obwohl Polen ein katholisches Land ist, wird das Leben in einer nicht legalisierten Beziehung immer beliebter. Außerdem verzeichnet man einen Anstieg der Scheidungsraten.

Altersangabe

Bei der Altersangabe benutzt man das Verb *mieć* (haben). Nach dem Alter fragt man so:

- *Ile masz lat?* (Wie alt bist du?) → wenn man sich duzt.
- *Ile pan/pani ma lat?* (Wie alt sind Sie?) → wenn man sich siezt.

Die Antwort lautet je nach der Zahl: *Mam ... lat/lata.* (Ich bin ... Jahre alt.)
Lata (Jahre) ist die Nominativ-Plural-Form und *lat* ist die Genitiv-Plural-Form von *rok* (Jahr).
Wann man *lat* und wann *lata* sagt, hängt mit dem Gebrauch des Genitiv Plural zusammen:
mieć + 1 rok → Małgosia ma 1 rok. (Małgosia ist 1 Jahr alt.)
*mieć + 2 – 4 lata, 2**2** – 2**4** lata, 3**2** – 3**4** ... lata → Małgosia ma **2** lata.* (Małgosia ist 2 Jahre alt.)
*mieć + 5 – 21 lat, 2**5** – 3**1** lat, 3**5** – 4**1** ... lat → Małgosia ma **5** lat.* (Małgosia ist 5 Jahre alt.)
Vergleichen Sie *Lekcja 5*, nach welchen Zahlen man den Genitiv Plural benutzt.

Instrumental

In diesem Dialog stoßen wir bei den Wörtern *dziennikark**ą**, lekarz**em**, chirurg**iem**, komputer**ami**, rodzic**ami*** und *koleżank**ami*** wieder auf den Instrumental. Mehr dazu im Grammatikkapitel.
Übrigens: *kim* ist die Instrumentalform von *kto?* (wer?). Die Instrumentalform von *co?* (was?) lautet *czym?: Czym ona się interesuje?* (Wofür interessiert sie sich?)

Robić

Das Verb *robić* (machen) wird nach dem Muster *-ę, -isz* konjugiert.

Mieszkać

Das Verb *mieszkać* (wohnen) wird nach dem Muster *-am, -asz* konjugiert.

Teraz Pan/Pani 2|37–39

a.
▶ Ile masz lat?
■ 42.

1. Ile masz lat?
2. Ile lat ma twój syn?
3. Ile lat ma twoja siostra?
4. Ile on ma lat?
5. Ile ona ma lat?

b.
▶ Kim on jest?
■ Lekarzem.

1. Kim on jest?
2. Kim jesteś?
3. Kim jest twój brat?

c.
▶ Świetnie wyglądasz!
■ Dzięki.

1. Świetnie wyglądasz!
2. Świetnie pani wygląda!
3. Pięknie wyglądasz!
4. Pięknie pani wygląda!

Rozmowa 3 2|40

Kasia ◆, Maciek ●, Marta ● und Krystian ▲ unterhalten sich, was się am Wochenende machen wollen.

● Wiesz Krystian, mam dwa bilety na mecz w niedzielę. Marta nie interesuje się piłką nożną, może ty masz ochotę?
▲ Jasne, idziemy!
● A my Kasiu, pójdziemy wieczorem do kina?
◆ Dobrze, zaraz zobaczę w Internecie, na jaki film.

● Weißt du was, Krystian, ich habe zwei Karten für ein Fußballspiel am Sonntag. Marta interessiert sich nicht für Fußball, vielleicht hast du Lust?
▲ Na klar, gehen wir hin!
● Und wir, Kasia, gehen wir am Abend ins Kino?
◆ Gut, ich schaue gleich im Internet nach, was für einen Film es gibt.

Wieczorem

Wieczorem heißt „am Abend". Die anderen Tageszeiten lauten:
rano (am Morgen)
przed południem (am Vormittag)
w południe (am Mittag)
po południu (am Nachmittag)
w nocy (in der Nacht)

Pójdziemy

Die Verben *pójść* und *iść* bedeuten beide „gehen". *Pójść* ist die vollendete Form von *iść*. Mehr dazu in der nächsten Lektion. Die Verben *pójść* und *iść* werden wie folgt konjugiert:

	pójść, iść	**gehen**
(ja)	*pójd**ę**, id**ę***	ich gehe
(ty)	*pójdzie**sz**, idzie**sz***	du gehst
on, ona, ono/pan, pani	*pójdzie, idzie*	er, sie, es geht/Sie gehen
(my)	*pójdzie**my**, idzie**my***	wir gehen
(wy)	*pójdzie**cie**, idzie**cie***	ihr geht
oni, one/państwo	*pójd**ą**, id**ą***	sie gehen/Sie gehen

Na film/do kina

In *Lekcja 5* haben Sie bereits gelernt, dass man *do kawiarni* (ins Café), aber *na kawę* (auf einen Kaffee) sagt. Man geht *na film* oder *do kina*. Beides bedeutet „ins Kino". Wann sagt man *na* und wann *do*? Vergleichen Sie die folgenden Beispiele:

na mecz (zum Fußballspiel)
na koncert (ins Konzert)
na film (ins Kino)
na lody (auf ein Eis)
na piwo (auf ein Bier)
na kawę (auf einen Kaffee)
na kurs polskiego (in den Polnischkurs)

do kina (ins Kino)
do restauracji (ins Restaurant)
do teatru (ins Theater)
do kościoła (in die Kirche)
do muzeum (ins Museum)
do kawiarni (ins Café)
do szkoły (in die Schule)

Wenn Veranstaltungen oder Mahlzeiten gemeint sind, verwendet man die Präposition *na*. Beachten Sie, dass nach der Präposition *na* der Akkusativ folgt und nach *do* der Genitiv.

Teraz Pan/Pani 2|41–42

a.

▶ Mam dwa bilety na mecz w niedzielę. Idziemy?
■ Jasne, idziemy!

1. na mecz w niedzielę. Idziemy?
2. na koncert w sobotę. Masz ochotę?
3. do teatru we wtorek. Idziemy?
4. na film, dzisiaj wieczorem. Masz czas?

b.

▶ Może pójdziemy wieczorem do kina?
■ Chętnie.

1. wieczorem do kina
2. dzisiaj do teatru
3. jutro do restauracji
4. po południu do muzeum

Gramatyka

1 Die Verben *pracować* (arbeiten), *studiować* (studieren) und *interesować się* (sich interessieren) – Präsens

Diese Verben, die als Endelement *-ować* haben, folgen – mit einer kleinen Abweichung – dem Konjugationsmuster *-ę, -esz* und werden alle wie das Verb *prac**ować*** konjugiert.

	pracować	**arbeiten**
(ja)	*prac**uję***	ich arbeite
(ty)	*prac**ujesz***	du arbeitest
on, ona, ono/pan, pani	*prac**uje***	er, sie, es arbeitet/Sie arbeiten
(my)	*prac**ujemy***	wir arbeiten
(wy)	*prac**ujecie***	ihr arbeitet
oni, one/państwo	*prac**ują***	sie arbeiten/Sie arbeiten

2 Der Instrumental – Gebrauch

Diesen Fall gibt es im Deutschen nicht. Er wird unter anderem im Zusammenhang mit den Fragen „womit?“, „mit wem?“ und „wodurch?“ gebraucht. Sie sind diesem Fall schon in den vorigen Lektionen begegnet, z. B. in *Lekcja 3 → Rozmowa 1* oder in *Lekcja 4 → Rozmowa 1* und *2*.

Der Instrumental wird benutzt:

- zur Angabe des Berufs: *Jestem lekarzem.* (Ich bin Arzt.)
  Jestem dziennikarką. (Ich bin Journalistin.)
- zur Angabe der Nationalität: *Jestem Niemcem.* (Ich bin Deutscher.)
  Jestem Polką. (Ich bin Polin.)
- zur Angabe des Verwandtschaftsgrades: *Jestem synem.* (Ich bin ein/der Sohn.)
  Jestem matką. (Ich bin die Mutter.)
- nach Präpositionen wie *za* (hinter), *przed* (vor), *z* (mit): *Za hotelem.* (Hinter dem Hotel.)
  Idę z Michałem do kina. (Ich gehe mit Michał ins Kino.)
- in Verbindung mit bestimmten Verben: *Interesuję się komputerami.* (Ich interessiere mich für Computer).
- wenn ein Hilfsmittel („womit?“) angegeben wird. *Jadę autem.* (Ich fahre mit dem Auto.)
- wenn eine Person oder Sache mithilfe eines Substantivs beschrieben wird: *Warszawa **jest** piękn**ym** miast**em***. Man kann aber auch sagen: *Warszawa **to** piękne miasto*. Beide Sätze bedeuten: „Warschau ist eine schöne Stadt.“ Beachten Sie, dass im ersten Satz der Instrumental zusammen mit dem Verb *być* (sein) → *jest* steht. Die zweite Möglichkeit mit dem Wort *to* ist einfacher, da man hier keinen Instrumental verwenden muss.

3 Das Substantiv und das Adjektiv – Instrumental Singular und Plural

	Nominativ Singular	Instrumental Singular	Instrumental Plural
maskulin	*miły pan* (netter Herr)	*mił**ym** pan**em***	*mił**ymi** pan**ami***
feminin	*miła koleżanka* (nette Freundin)	*mił**ą** koleżank**ą***	*mił**ymi** koleżank**ami***
neutral	*nowe auto* (neues Auto)	*now**ym** aut**em***	*now**ymi** aut**ami***

Die Endungen für die Substantive im Instrumental Singular lauten:

-(i)em für männliche Substantive und für Neutra

-(i)ą für weibliche Substantive und für männliche Substantive, die auf *-a* auslauten, z. B. *tata* (Papa).

Fast alle Substantive haben im Instrumental Plural die Endung ***-ami***.

Die Endungen für den Instrumental Singular bei Adjektiven (und Pronomen) lauten:

-ym/-im für Maskulina und Neutra

-(i)ą für Feminina.

Im Instrumental Plural haben die Adjektive (und Pronomen) die Endung -***ymi*** oder ***-imi***.

Ćwiczenia

Ćwiczenia pisemne

1. Es geht um die Familie. Raten Sie, wer jeweils gemeint ist?

a. rodzice, dzieci, dziadkowie i … *rodzina*

b. mąż i żona ______

c. córka i syn ______

d. mama i tata ______

e. brat i siostra ______

f. ______ i ______ *wujostwo*

2. Ergänzen Sie die Glückwunsch-SMS zum Namenstag von Maciek.

Cześć ______! ______ ______ z ______ ______! Sto ______! ______ zobaczenia ______ niedzielę. Ania

3. Ergänzen Sie die Wochentage und Tageszeiten im richtigen Fall.

Wiktor pracuje w hotelu. Dzisiaj jest poniedziałek. Wiktor nie lubi *(poniedziałki)* ______ (Genitiv Plural), bo w poniedziałki musi długo pracować. Jutro, we ______ Wiktor pracuje tylko przed ______, ale w *(środa)* ______ niestety cały dzień. W *(czwartek)* ______ musi pracować w *(noc)* ______. W *(piątek)* ______ i w *(sobota)* ______ Wiktor ma zawsze wolne, a w ______ musi pracować tylko po ______.

4. Ergänzen Sie die Aussagen. Benutzen Sie den Instrumental.

a. Mam problem z *moim autem.* *moje auto*

b. Majka studiuje razem z ______ *moja siostra*

c. Oni mieszkają z ______ *rodzice*

d. Paweł pracuje razem z ______ *żona*

e. Mieszkasz z ______? *mama*

f. Pracuję razem z ______ *Szymon*

g. Mamy problemy z ______ *nasza córka*

5. Wofür interessieren sich diese Personen? Bilden Sie Sätze.

a. *Marek interesuje się polską gramatyką.* *polska gramatyka*

b. Marta ______ *film*

c. Krystian i Katarzyna ______ *komputery*

d. Franek i Piotrek ______ *piłka nożna*

e. My ______ *Warszawa*

f. Ja ______ *muzyka*

6. Mit wem ...? Antworten Sie.

a. Z kim idziesz na koncert?	*mój brat*	<u>*Z moim bratem.*</u>
b. Z kim Nina idzie do kina?	*kolega*	______
c. Z kim idziecie do kościoła?	*babcia i dziadek*	______
d. Z kim oni idą do teatru?	*Justyna i Adam*	______

7. Unterstreichen Sie die richtige Form.

a. Pan Brodzki jest	dobry lekarz/<u>*dobrym lekarzem.*</u>
b. Marysia to	nasza córka/naszą córką.
c. Adam to	mój syn/moim synem.
d. Pani Bauer jest	Niemka/Niemką.
e. Mój wujek jest	dobry chirurg/dobrym chirurgiem.
f. Pani Winkler to	niemiecka dziennikarka/niemiecką dziennikarką.

8. Ergänzen Sie die passende Verbform.

a. Dlaczego ______ już do domu?	*iść*
b. Tomek ______ w Łodzi, ale chciałby ______ w Warszawie.	*mieszkać*
c. Co ______ twoja córka?	*studiować*
d. Gdzie wy ______ ?	*mieszkać*
e. Moja babcia dzisiaj źle ______.	*wyglądać*
f. Dzisiaj *(ja)* ______ do restauracji na kolację.	*iść*
g. Gdzie ______ wasz syn?	*pracować*
h. Co *(ty)* ______? – Szukam mojego paszportu.	*robić*

9. Übersetzen Sie ins Polnische.

a. Ich habe ein Problem mit dem Computer.

______

b. Wir fahren mit dem Auto nach Thorn.

______

c. Er ist nicht mein Mann, sondern mein Freund.

____

d. Was studierst du?

____

e. Meine Frau ist heute sehr beschäftigt und hat keine Zeit.

____

f. Wofür interessierst du dich?

____

g. Wo wohnst du?

____

h. Womit fährst du nach Krakau?

____

i. Hast du Geschwister? – Ja, ich habe einen Bruder und eine Schwester.

____

j. Was macht ihr heute Nachmittag?

____

Ćwiczenia z CD

1. Die Aussprache von *ś/si, ć/ci, ń/ni, ź/zi, dź* und *dzi*: Hören Sie zu und sprechen Sie nach. 2|43
siedem – się – osiem – coś – środa – śmietana – kapuśniak – pięć – ciebie – dzień – Gdańsk – niemiecki – gdzie – niedziela – zielony – źle – idź! (geh!) – jedź! (fahr!)

2. Was hat Janek nächste Woche vor? Hören Sie zu und ergänzen Sie in Stichpunkten Janeks Terminkalender. 2|44

a. poniedziałek ______________
b. wtorek *niemiecki*
c. środa ______________
d. czwartek ______________
e. piątek ______________
f. sobota ______________
g. niedziela ______________

3. Wie alt sind diese Personen? Hören Sie zu und schreiben Sie die Zahlen auf. 2|45

a. Zbyszek ______
b. Zuzanna ______
c. pani Kowalska ______
d. pan Woźniak ______
e. Joasia ______
f. mój dziadek ______
g. moja mama ______

4. Hanka besucht Wojtek. Seine Freundin Małgosia ist schon da und alle unterhalten sich miteinander. Hören Sie zu und kreuzen Sie die richtigen Aussagen an. 2|46

	TAK	NIE
a. Hanka ma urodziny.	☐	☐
b. Prezent od Hanki to francuskie wino.	☐	☐
c. Prezent od Małgosi to ładny sweter.	☐	☐
d. Wojtek ma 24 lata.	☐	☐

5. Julia erzählt von ihrer Familie. Hören Sie zu und ergänzen Sie den Text. 2|47

Moja ______________ jest mała. Mój ______________ nazywa się Wojciech i ma 35 lat. Mamy dwoje ______________: córkę Martynę i ______________ Bartka. Moja ______________ ma 63 lata i ______________ jeszcze w banku. Mój ______________, niestety, już nie ______________. Bardzo kocham moją rodzinę.

6. Hören Sie den folgenden Zweizeiler, ergänzen Sie ihn und lernen Sie ihn auswendig. 2|48

Tata, mama, mąż i ______________,
Syn i córka, on i ona.

7. Arbeiten Sie nun die weiteren mündlichen Übungen auf der CD durch. 2|49

Ważne słówka i zwroty

Jemandem gratulieren

Wszystkiego najlepszego!	Alles Gute!/Herzlichen Glückwunsch!
Wszystkiego najlepszego z okazji imienin/urodzin!	Alles Gute zum Namenstag/Geburtstag!
Życzę ci dużo zdrowia, szczęścia i radości!	Ich wünsche dir viel Gesundheit, Glück und Freude!

Nach dem Alter fragen, das Alter angeben

Ile masz lat?	Wie alt bist du?
Ile pan/pani ma lat?	Wie alt sind Sie?
Mam ... lat/lata.	Ich bin ... Jahre alt.

Einige Berufsbezeichnungen

lekarz/lekarka	Arzt/Ärztin
informatyk	Informatiker/Informatikerin
sekretarz/sekretarka	Sekretär/Sekretärin
kierowca	Fahrer/Fahrerin
dziennikarz/dziennikarka	Journalist/Journalistin
nauczyciel/nauczycielka	Lehrer/Lehrerin
policjant/policjantka	Polizist/Polizistin
pielęgniarz/pielęgniarka	Krankenpfleger/Krankenschwester

Weitere Wendungen

Dzięki!	Danke!
Co u ciebie/was nowego?	Was gibt's Neues bei dir/euch?
To dla ciebie.	Das ist für dich.
Proszę dalej!	Bitte gehen Sie weiter!
Proszę do pokoju!	Bitte kommen Sie herein!
Siadaj!	Setz dich!
Siadajcie!	Setzt euch!
Świetnie wyglądasz!	Du siehst blendend aus!
Świetnie pan/pani wygląda!	Sie sehen blendend aus!
Jaki piękny prezent!	Was für ein schönes Geschenk!
Idziemy!	Gehen wir!
Jestem Niemcem/Niemką.	Ich bin Deutscher/Deutsche.
Moja żona jest Polką.	Meine Frau ist Polin.

7 Lekcja

W podróży

Rozmowa 1 2|50

Herr Grundmann ◆ ist mit dem Auto in Polen unterwegs und wird auf der Autobahn von einer Polizeikontrolle angehalten. Der Polizist ▲ spricht Herrn Grundmann an.

▲ Dzień dobry, kontrola drogowa. Prawo jazdy i dowód rejestracyjny proszę.
◆ Proszę.
▲ Przekroczył pan dozwoloną szybkość.
◆ Przepraszam, nie rozumiem.
▲ Jechał pan za szybko. Tu wolno jechać tylko 80 kilometrów na godzinę, a nie 100! Musi pan zapłacić mandat.
◆ Ile?
▲ 150 złotych. Proszę jeszcze włączyć światła długie. Tak, w porządku. Teraz światła stopu i migacze. Dobrze. Ma pan apteczkę i trójkąt ostrzegawczy?
◆ Tak, w bagażniku.
▲ Dziękuję. Szerokiej drogi!

▲ Guten Tag, Verkehrskontrolle. Führerschein und Fahrzeugschein, bitte.
◆ Bitte.
▲ Sie haben die erlaubte Geschwindigkeit überschritten.
◆ Entschuldigung, ich verstehe nicht.
▲ Sie sind zu schnell gefahren. Hier darf man nur 80 km pro Stunde fahren und nicht 100! Sie müssen Bußgeld zahlen.
◆ Wie viel?
▲ 150 Zloty. Bitte schalten Sie noch das Fernlicht ein. Ja, in Ordnung. Jetzt das Bremslicht und die Blinker. Gut. Haben Sie einen Verbandskasten und ein Warndreieck?
◆ Ja, im Kofferraum.
▲ Danke. Gute Reise!

MIT DEM AUTO UNTERWEGS

Die polnischen Autobahnen sind teilweise gebührenpflichtig. Auf den Autobahnen kann man Schilder mit der Bezeichnung *MOP* sehen. Diese Abkürzung steht für Servicepunkte, die unterschiedlich ausgestattet sein können. In der Regel befinden sich dort eine Tankstelle *(stacja benzynowa)*, ein WC, ein Spielplatz oder auch ein Imbiss. Wenn Sie Hilfe brauchen, rufen Sie die *pomoc drogowa* (Pannenhilfe) an oder suchen Sie eine Autowerkstatt *(warsztat samochodowy)* auf. Falls es zu einem Unfall kommt, muss man die *policja* (Polizei) anrufen: 112 oder 997.
Diese Verkehrsschilder bedeuten:

Zwolnij!
(Langsamer fahren!)

Objazd
(Umleitung)

Piesi
(Fußgänger)

Koniec
(Ende)

An den Tankstellen werden folgende Treibstoffsorten angeboten:
ON olej napędowy (Dieselkraftstoff)
Pb 95 benzyna bezołowiowa (bleifreies Benzin Super)
Pb 98 benzyna bezołowiowa (bleifreies Benzin Super Plus)
An den Tankstellen werden in der Regel Kreditkarten akzeptiert. Noch zwei wichtige Informationen: Die Promillegrenze liegt bei 0,2 Promille und auch tagsüber muss man mit Abblendlicht fahren. Übrigens, ein anderes Wort für *auto* (Auto) ist *samochód* und „Kreuzung" heißt *skrzyżowanie.*

Przekroczył und *jechał*

Diese beiden Verben: *przekroczyć* (überschreiten) und *jechać* (fahren) stehen hier in der Vergangenheit. Mehr dazu in *Lekcja 8.*

Wolno

Das Wort *wolno* hat zwei Bedeutungen: „es ist erlaubt" oder „langsam". *Nie wolno* bedeutet „man darf nicht": *Tu nie wolno palić.* (Hier darf man nicht rauchen.)

Mandat

Beachten Sie, dass das Wort *mandat* (Strafmandat) eine andere Bedeutung als im Deutschen hat. Das Bußgeld muss man in bar *(gotówka)* bezahlen.

Zapłacić

Die Verben *płacić* und *zapłacić* bedeuten beide „zahlen". Es handelt sich hier um den vollendeten und unvollendeten Aspekt desselben Verbs. Mehr dazu im Grammatikkapitel. Das Verb *zapłacić* wird wie das Verb *płacić (→ Lekcja 3)* konjugiert.

Światła

Das Wort *światło* bedeutet „Licht". Im Plural bedeutet *światła* auch „Ampel". Für Autofahrer sind noch folgende Wortverbindungen wichtig: *światła mijania/krótkie* (Abblendlicht), *światła długie* (Fernlicht) und *światła stopu* (Bremslicht).

W bagażniku

W bagażniku (im Kofferraum) steht hier im Lokativ. Sie sind schon in den vorigen Lektionen dem Lokativ begegnet: *w Warszawie* (in Warschau), *w łazience*, (im Badezimmer), *w galerii* (in der Galerie), *w Internecie* (im Internet), *w banku* (in der Bank), *w akademiku* (im Studentenwohnheim), *w hotelu* (im Hotel). Der Lokativ Singular wird in diesem Sprachkurs wegen seiner Vielfalt an Endungen und Stammveränderungen nicht weiter vertieft.

Szerokiej drogi!

Wenn man einem Autofahrer „Gute Fahrt!" wünscht, sagt man *Szerokiej drogi!* Wörtlich: „Einen breiten Weg". Dieser Ausdruck steht im Genitiv, weil das Verb *życzyć* (wünschen) den Genitiv verlangt. Das Verb wird hier zwar nicht gesprochen, ist aber „in Gedanken" gemeint.

Teraz Pan/Pani 2|51

■ Dzień dobry, kontrola drogowa.
Prawo jazdy proszę.

▶ Proszę bardzo, dowód rejestracyjny też?

1. Proszę bardzo, dowód rejestracyjny też?
2. Przepraszam, nie rozumiem.
3. Naprawdę? To niemożliwe.
   (Das ist unmöglich.)
4. Bardzo mi przykro.

Rozmowa 2 2|52

Ola ● will mit dem Zug von Warschau nach Radom fahren. Sie spricht mit der Dame ● am Schalter.

- ● Proszę bilet na dzisiaj do Radomia, bez przesiadki.
- ● W jedną stronę, czy tam i z powrotem?
- ● Tylko w jedną stronę.
- ● Która klasa?
- ● Pierwsza, proszę też miejscówkę przy oknie.
- ● Proszę, tu jest bilet i miejscówka. 36 złotych. Odjazd z dworca Warszawa Centralna o godzinie trzynastej pięć, peron trzeci, tor czwarty. Przyjazd do Radomia o piętnastej osiem.

- ● Bitte eine Fahrkarte für heute nach Radom, ohne Umsteigen.
- ● Einfache Fahrt oder hin und zurück?
- ● Nur hin.
- ● Welche Klasse?
- ● Erste, bitte auch eine Platzkarte am Fenster.
- ● Bitte, hier ist die Fahrkarte und die Platzkarte. 36 Zloty. Abfahrt vom Bahnhof Warszawa Centralna um 13:05, Bahnsteig 3, Gleis 4. Ankunft in Radom 15:08.

ROZKŁAD JAZDY

Stacja/Xrzystanek	Data	przyj.	odj.	Per/Tor	Xśrodki komunikcji	Uwagi
Warszawa Centralna	24.02.12		13:05	III/4	TLK13109	TLK
Radom		15:08				PKP Intercity, 1 kl. – obwiązek rezerwacji,

Rozkład jazdy

Rozkład jazdy bedeutet „Fahrplan". *Środki komunikacji* heißt „Verkehrsmittel", hier wird die Nummer des Zuges angegeben. *Uwagi* bedeutet „Bemerkungen". *Obowiązek rezerwacji* (Reservierungspflicht) bedeutet, dass man eine Platzkarte kaufen muss.

Bez przesiadki

Przesiadka heißt „das Umsteigen". Die Präposition *bez* (ohne) verlangt den Genitiv.

W jedną stronę

W jedną stronę heißt wörtlich „in eine Richtung". *Strona* bedeutet auch „Seite".

Który, która, które?

Wenn mehrere Substantive zur Auswahl stehen, fragt man: *który, która, które?* (welcher, welche, welches?). Diese Pronomen werden wie Adjektive dekliniert.

Z dworca

Dworzec bedeutet „Bahnhof". Wegen der Präposition *z* (hier: aus, von), steht das Wort im Genitiv: *z dworca* (vom Bahnhof).

Zeitangabe

Um die Uhrzeit anzugeben, braucht man die Ordnungszahlen. Für die Zahlen 1 und 2 haben Sie sie schon in *Lekcja 2* gelernt. Die weiteren Ordnungszahlen lauten:

3.	trzeci, -ia, -ie	13.	trzynasty, -a, -e
4.	czwarty, -a, -e	14.	czternasty, -a, -e
5.	piąty,-a, -e	15.	piętnasty,-a, -e
6.	szósty, -a, -e	16.	szesnasty, -a, -e
7.	siódmy, -a, -e	17.	siedemnasty, -a, -e
8.	ósmy, -a, -e	18.	osiemnasty, -a, -e
9.	dziewiąty, -a, -e	19.	dziewiętnasty, -a, -e
10.	dziesiąty, -a, -e	20	dwudziesty, -a, -e
11.	jedenasty, -a, -e	21.	dwudziesty, -a, -e, pierwszy, -a, -e
12.	dwunasty, -a, -e	22.	dwudziesty, -a, -e drugi, -a, -e usw.

Nach der Uhrzeit fragt man: *Która (Jest) godzina?* (wörtlich: Welche Stunde ist es?) Sie lernen in diesem Sprachkurs nur die offizielle Zeitangabe, die auf einem 24-Stunden-Tag basiert, da sie einfacher ist. Für die vollen Stunden benutzt man die Ordnungszahlen.

Die Minuten werden mithilfe der Grundzahlen angegeben, z. B.: 5:20 – *piąt**a** dwadzieścia* oder 16:45 – *szesnast**a** czterdzieści pięć*. Die Ordnungszahl bezieht sich auf das Wort *godzina* (Stunde, Uhr), das feminin ist, deswegen die Endung *-**a***.

„Um wie viel Uhr?" heißt *O któr**ej** godzinie?* Die Antwort lautet z. B.: „Um 13:20." – *O trzynast**ej** dwadzieścia*. Auch hier werden die Stunden mit Ordnungszahlen und die Minuten mit Grundzahlen angegeben. Allerdings stehen die Ordnungszahlen jetzt im Lokativ. Deswegen bekommen die Ordnungszahlen, die wie Adjektive dekliniert werden, die Endung *-**ej***. (Eine Tabelle mit den Lokativ-Endungen finden Sie in der Grammatikübersicht im Anhang.)

MIT DEM ZUG UNTERWEGS

Nützliche Informationen über die polnische Staatsbahn, auch in deutscher Sprache, finden Sie auf der Homepage *Polskie Koleje Państwowe* www.pkp.com.pl
Man kann in Polen mit dem Intercity-Zug *(pociąg Intercity)* reisen oder mit dem *pociąg osobowy* (Personenzug). Es gibt auch noch *pociąg pośpieszny* (Eilzug) und *ekspresowy* (Express). Die polnischen Züge haben ab und zu Verspätung, deshalb noch zum Schluss ein wichtiges Wort für Bahnreisende: *opóźnienie* (Verspätung).

Teraz Pan/Pani 2|53

- ▶ Proszę bilet do Radomia bez przesiadki.
- ■ Na kiedy?
- ▶ Na dzisiaj po południu.
- ■ Która klasa?
- ▶ Pierwsza, albo druga. Obojętnie.

1. Radomia/dzisiaj po południu/ Pierwsza, albo druga. Obojętnie.
2. Zakopanego*/jutro rano/Wszystko jedno. (Das ist mir egal.)

* *Zakopane:* dieser Ortsname ist ein Adjektiv und wird dementsprechend dekliniert. Hier handelt es sich um die sächliche Genitivform.

Rozmowa 3 3|1

Frau Rieder ● fährt in einem überfüllten Bus in Warschau. Ein junger Mann ◆ steht auf und bietet ihr den Platz an. Kurz danach bittet ein Kontrolleur ▲ alle Passagiere, die Fahrscheine vorzuzeigen.

◆ Proszę, tu jest wolne miejsce dla pani.	◆ Bitte, hier ist ein Platz für Sie frei.
● Dziękuję. Proszę pana, może mi pan skasować bilet?	● Danke. Können Sie mir die Fahrkarte entwerten?
◆ Tak, oczywiście. Dokąd pani jedzie?	◆ Bitte sehr. Wohin fahren Sie?
● Do Wilanowa i nie wiem, gdzie mam wysiąść.	● Nach Wilanów und ich weiß nicht, wo ich aussteigen soll.
◆ To ostatni przystanek.	◆ Das ist die letzte Haltestelle.
● Bardzo panu dziękuję.	● Ich danke Ihnen.
▲ Bilety do kontroli!	▲ Die Fahrscheine, bitte!
◆ Chwileczkę, muszę poszukać mojego biletu ...	◆ Einen Augenblick, ich muss meine Fahrkarte suchen ...

POLNISCHE HÖFLICHKEIT

Wenn Sie in Polen mit öffentlichen Verkehrsmitteln unterwegs sind, sehen Sie, dass junge Leute oft älteren Menschen und die Herren den Damen ihren Sitzplatz anbieten. Die Herren benehmen sich auch in anderen Situationen den Damen gegenüber sehr höflich: Sie helfen ihnen in den Mantel, lassen ihnen immer den Vortritt oder halten die Tür auf.

FLUGZEUG, U-BAHN, STRASSENBAHN, BUS, FAHRRAD ...

Die polnische Fluggesellschaft heißt *LOT*, was eigentlich „Flug" bedeutet, Flugzeug heißt *samolot*, Flughafen *lotnisko*.
Die einzige U-Bahn in Polen gibt es in Warschau. Die *Metro* verfügt derzeit über eine Linie, die zweite Linie wird mithilfe der EU gebaut.
Die Straßenbahn *(tramwaj)* ist in vielen polnischen Städten das wichtigste und billigste Verkehrsmittel. Die Fahrkarten für Straßenbahnen, Metro und Busse kann man unter anderem an Kiosken oder Automaten kaufen. Wenn Sie eine Fahrkarte beim Fahrer kaufen, müssen Sie das Geld passend haben. Die Fahrkarten muss man sofort nach dem Einsteigen entwerten.
Das wichtigste staatliche Busunternehmen ist *PKS (Polska Komunikacja Samochodowa)*. Außerdem gibt es viele private Busunternehmen, die sowohl lokale als auch überregionale Strecken befahren. Das Reisen mit dem Bus ist in Polen wegen der niedrigen Preise und des dichten Streckennetzes sehr beliebt.
Inzwischen wird auch das Fahrrad *(rower)* zunehmend als Fortbewegungsmittel genutzt. Das Netz der Fahrradwege *(ścieżki rowerowe)* wird ständig erweitert. Fahrräder kann man auch fast überall mieten. In einigen Städten, z.B. in *Warszawa, Kraków, Zakopane* oder *Wrocław* kann man auch mit einer romantischen Kutsche *(dorożka)* eine Stadtbesichtigung machen.
Zum Schluss noch ein wichtiger Begriff zu diesem Thema: zu Fuß heißt *pieszo*.

Mieć + Infinitiv

Mieć in Verbindung mit dem Infinitiv bedeutet „sollen". Beachten Sie, dass in diesem Zusammenhang in der Regel die vollendeten Verben benutzt werden und der Infinitiv direkt nach *mieć* steht: *Co mam kupić?* (Was soll ich kaufen?)

Poszukać

Das Verb *poszukać* ist vollendet und bedeutet wie das Verb *szukać* „suchen". Wir haben es hier wieder mit den Aspekten zu tun. Mehr dazu im Grammatikkapitel. Nach *poszukać* folgt der Genitiv: *Muszę poszukać biletu.* (Ich muss die Fahrkarte suchen.) Das Verb *poszukać* wird nach dem Muster *-am, -asz* konjugiert.

Teraz Pan/Pani 3|2–3

a.

- ■ Bilety do kontroli!
- ▶ Momencik, muszę poszukać mojego biletu ...

1. Momencik, muszę poszukać mojego biletu ...
2. Niestety, nie mam biletu.
3. Chwileczkę, proszę bardzo.
4. Mój mąż, to ten pan, ma mój bilet.

b.

- ▶ Do Galerii Złote Tarasy, gdzie muszę wysiąść?
- ■ Niestety nie wiem.

1. Do Galerii Złote Tarasy, gdzie muszę wysiąść?
2. Do Łazienek, gdzie mam wysiąść?
3. Przepraszam, czy ten autobus jedzie do Wilanowa?
4. Czy następny (nächste) przystanek, to dworzec?
5. Przepraszam, jaki jest następny przystanek?

WARSCHAU

Warschau, die Hauptstadt *(stolica)* von Polen, ist eine lebendige Millionenstadt. Überall spürt man das Tempo, das diese Stadt nach vorne treibt. Warschau soll die größte Baustelle Europas sein, Hochhäuser werden gebaut, Unternehmen gegründet.

Der schönste Teil von Warschau ist die Altstadt *(Stare Miasto)* mit ihrem von liebevoll restaurierten Häusern umgebenen Marktplatz *(Rynek)*. Hier trifft sich Jung und Alt, Touristen und verliebte Pärchen und alle schlendern durch die malerischen verwinkelten Gassen. Hier sehen Sie auch ein Denkmal der *Warszawska Syrenka* „Warschauer Sirene" (halb Frau, halb Fisch), die das Symbol der Stadt ist. Auf dem Schlossplatz vor dem Schloss befindet sich eine Säule von König Zygmunt III. Waza, der die Hauptstadt von Krakau nach Warschau verlegte. Es lohnt sich, den *Łazienki Park* zu besuchen, wo an jedem Sonntag während der Sommermonate Klavierkonzerte stattfinden. Das Erlebnis, der bezaubernden Musik von Chopin unter freiem Himmel zu lauschen, bleibt lange in Erinnerung. Den schönsten Blick von Warschau hat man vom *Pałac Kultury i Nauki* „Kultur- und Wissenschaftspalast", dem höchsten Gebäude der Hauptstadt. Etwas außerhalb des Zentrums befindet sich *Wilanów* mit seinem Palast, der als polnisches Versailles bezeichnet wird.

Gramatyka

1 Aspekte der Verben

Da es im Polnischen nur drei Zeitstufen gibt (Gegenwart, Vergangenheit und Zukunft), stellt man mithilfe der Aspekte den Verlauf der Handlung dar. Fast jedes Verb hat zwei Handlungsarten: den unvollendeten Aspekt und den vollendeten Aspekt.

Unvollendete Verben beschreiben Handlungen

- mitten in ihrem Ablauf (hier kann man den Gebrauch mit den englischen „Progressive"-Zeiten vergleichen): *Dokąd idziesz?* (Wohin gehst du [gerade]?)
- die sich wiederholen, d. h. gewohnheitsmäßig ausgeübt werden: *Zawsze jadę samochodem do Polski.* (Ich fahre immer mit dem Auto nach Polen.)

Bei diesen Verben ist die Handlung wichtig und nicht das Resultat. Die Wiederholung oder die Dauer der Tätigkeit steht im Mittelpunkt. Unvollendete Verben werden oft mit Adverbien, die eine zeitliche Dauer beschreiben, benutzt, z. B. *zawsze* (immer), *często* (oft), *czasem* (manchmal), *codziennie* (täglich), *co tydzień* (jede Woche), *co dwa lata* (jedes zweite Jahr), *długo* (lang), *krótko* (kurz), *teraz* (jetzt).

Vollendete Verben beschreiben Handlungen,

- die abgeschlossen sind oder wahrscheinlich abgeschlossen werden, d. h. man geht davon aus, dass die Handlungen vollendet werden: *Jutro pójdziemy do kina.* (Morgen gehen wir ins Kino.)
- die einmalig mit „Abschluss" ausgeführt werden. Diese Verwendung findet in der Regel für die Vergangenheit statt: *Przekroczył pan dozwoloną szybkość.* (Sie haben die erlaubte Geschwindigkeit überschritten.)

Der Gebrauch der vollendeten Verben für die Zukunft muss näher erklärt werden. Man fragt sich: Wie kann ein vollendetes Verb etwas ausdrücken, was noch nicht geschah? Um das zu verstehen, ist ein Umdenken wichtig: **Vollendete Verben bezeichnen keine Handlungen in der Gegenwart. Die Präsensformen dieser Verben haben Zukunftsbedeutung**: *Za tydzień pojadę do Polski.* (In einer Woche fahre ich nach Polen.)
Bei den vollendeten Verben steht das Resultat oder die Tatsache, dass man die Tätigkeit nur einmal ausgeführt hat, im Mittelpunkt. Vollendete Verben werden oft mit folgenden Adverbien gebraucht: *nagle* (plötzlich), *natychmiast* (sofort), *wreszcie* (endlich), *wkrótce* (bald), *jeden raz* (einmal).

Die vollendeten Verben unterscheiden sich von den unvollendeten Verben entweder durch eine Vorsilbe: *płacić* → ***za**płacić* (zahlen), *prosić* → ***po**prosić* (bitten), *robić* → ***z**robić* (machen) oder durch eine Endsilbe: *zwiedzać* → *zwiedz**ić*** (besichtigen), *kup**ować*** → *kupić* (kaufen). Es gibt auch Verben, deren Aspektformen ganz unterschiedliche Wörter sind: *iść* → *pójść* (gehen) oder *brać* → *wziąć* (nehmen).

Einige Verben, z. B.: *móc* (können, dürfen), *mieć* (haben), *wiedzieć* (wissen), *musieć* (müssen) oder *być* (sein) kommen nur in einer Form vor.

Im Wortschatz finden Sie einen Hinweis, ob es sich um ein vollendetes, d. h. perfektives → *pf* oder um ein unvollendetes, d. h. imperfektives → *ipf* Verb handelt und wie es konjugiert wird. Beide Aspektformen unterscheiden sich inhaltlich **nicht** und bedeuten dasselbe. Im Anhang befindet sich auch eine Liste wichtiger unvollendeter und vollendeter Verben.

2 Verben der Fortbewegung

Es gibt verschiedene Verben, die eine Fortbewegung bezeichnen. Einige davon, z. B. *iść* (gehen) oder *jechać* (fahren), haben Sie schon kennengelernt. Diese Verben kommen in zwei Varianten vor, die beide unvollendet sind, unterscheiden sich aber in der Anwendung. Einige Verben bezeichnen eine zielgerichtete Fortbewegung. Die wichtigsten Verben dieser Gruppe sind: *iść* (gehen → *Lekcja 6*) und *jechać* (fahren).
Die zweite Gruppe dieser Verben beschreibt eine nicht-zielgerichtete, allgemeine, gewohnheitsmäßige Fortbewegung. Hierzu gehören unter anderem folgende „Partner" der oben genannten Verben: *chodzić* (gehen) und *jeździć* (fahren).
Vergleichen Sie folgende Beispielsätze:
Ania ***idzie*** *do domu.* (Ania geht nach Hause. – Ania ist auf dem Weg nach Hause.)
Ania ***chodzi*** *do szkoły.* (Ania geht zur Schule. – Ania ist Schülerin.)
Uwaga! Po lewej stronie ***jedzie*** *rower!* (Achtung! Auf der linken Seite fährt ein Fahrrad!)
On codziennie ***jeździ*** *rowerem do szkoły.* (Er fährt täglich mit dem Fahrrad zur Schule.)

Die Verben *chodzić* (gehen), *jechać* und *jeździć* (fahren) werden wie folgt konjugiert:

	chodzić	gehen
(ja)	*chodz**ę***	ich gehe
(ty)	*chodzi**sz***	du gehst
on, ona, ono/pan, pani	*chodzi*	er, sie, es geht/Sie gehen
(my)	*chodzi**my***	wir gehen
(wy)	*chodzi**cie***	ihr geht
oni, one/państwo	*chodz**ą***	sie gehen/Sie gehen

	jechać, jeździć	fahren
(ja)	*jad**ę**, jeżdż**ę***	ich fahre
(ty)	*jedzi**esz**, jeździ**sz***	du fährst
on, ona, ono/pan, pani	*jedzie, jeździ*	er, sie, es fährt/Sie fahren
(my)	*jedzie**my**, jeździ**my***	wir fahren
(wy)	*jedzie**cie**, jeździ**cie***	ihr fahrt
oni, one/państwo	*jad**ą**, jeżdż**ą***	sie fahren/Sie fahren

Ćwiczenia

Ćwiczenia pisemne

1. Renata kauft eine Fahrkarte am Schalter. Ergänzen Sie die Präpositionen.

▲ Proszę bilet _____ Bielska, _____ dzisiaj, _____ oknie.
◆ Tam i _____ powrotem?
▲ Nie, tylko _____ jedną stronę.
◆ _____ dwunastej piętnaście, czy _____ osiemnastej dwadzieścia?
▲ _____ osiemnastej dwadzieścia.

2. *Iść* oder *chodzić*? Setzen Sie die passende Verbform ein.

a. Czy twój syn *chodzi* już do szkoły?
b. Zobacz, tam _____ Zbyszek.
c. We wtorki *(ja)* _____ na kurs prawa jazdy.
d. Moja siostra _____ co tydzień do kina.
e. Cześć Kasia, dokąd _____?
f. Dlaczego ty zawsze tak szybko _____?
g. Lubisz _____ na mecze piłki nożnej?

3. *Jechać* oder *jeździć?* Setzen Sie die passende Verbform ein.

a. Czy wy _____ codziennie do pracy autem?
b. Zobacz, tam _____ nasz autobus!
c. Nie lubię _____ pociągiem.
d. Przepraszam, czy ten autobus _____ do centrum?
e. Krystian często _____ tramwajami.

4. Ergänzen Sie die richtige Verbform.

a. Ja zaraz _____ twoich kluczy. — *poszukać*
b. Pieczywo zawsze *(my)* _____ w tym sklepie. — *kupować*
c. Kasia _____ co tydzień w sobotę koleżanki na kawę. — *zapraszać*
d. Moje dzieci zawsze bardzo długo _____ śniadanie. — *jeść*
e. Jutro *(my)* _____ do muzeum. — *pójść*
f. Jurek _____ co trzy lata nowy samochód. — *kupować*
g. Już piętnaście minut *(my)* _____ stacji benzynowej. — *szukać*
h. Jutro *(ja)* _____ porządek. — *zrobić*

5. Vollendetes oder unvollendetes Verb. Wählen Sie die jeweils passende Verbform aus.

a. Muszę ______________ do kiosku. *pójść/iść*
b. Nie lubię ______________ w tym sklepie. *kupić/kupować*
c. Mogę to ______________? *zjeść/jeść*
d. Muszę ______________ mojego prawa jazdy. *poszukać/szukać*
e. Codziennie ______________ chleb i bułki. *kupić/kupować*
f. Przykro mi, ale musi pani ______________ mandat. *zapłacić/płacić*
g. Chciałabym ______________ Warszawę. *zwiedzić/zwiedzać*
h. Jest zimno, musisz ______________ sweter. *wziąć/brać*

6. *Który, która, które?* Ergänzen Sie.

a. Przepraszam, ______________ godzina?
b. Przepraszam, ______________ autobus?
c. Przepraszam, ______________ przystanek?
d. Przepraszam, ______________ ulica w lewo?
e. Przepraszam, ______________ klasa?
f. Przepraszam, ______________ skrzyżowanie?

7. Wie lautet das Gegenteil?

a. przyjazd ______________
b. długi ______________
c. szybko __________ / __________
d. bilet w jedną stronę ______________
e. bez ______________
f. skąd ______________

8. Übersetzen Sie ins Polnische.

a. Ich fahre gerne Rad.
____
b. Ich zahle bar.
____
c. Muss ich eine Platzkarte kaufen?
____
d. Wo ist der Bahnhof?
____
e. Es ist schon spät. Gehen wir nach Hause!
____
f. Weißt du, was du kaufen sollst?
____
g. Welcher Bus fährt zum Flughafen?
____
h. Wie viele Haltestellen sind es bis zum Zentrum?
____
i. Gehen wir zu Fuß oder fahren wir mit der Straßenbahn?
____

j. Hast du einen Führerschein?

____

k. Ist das der Zug nach Warschau?

____

Ćwiczenia z CD

1. Die Aussprache von *ł* bereitet manchmal Schwierigkeiten, besonders, wenn das *ł* als „Nachbarn" ein *w* hat. Hören Sie zu und sprechen Sie nach. (3|4)
chłopak – Michał – poniedziałek – pół – bałwan (Schneemann) – kawałek (Stück) – Władek – bezołowiowa – światła – włączyć

2. Hören Sie zu und ergänzen Sie die Zeitangaben und die passenden Verbformen. (3|5)
Pani Sikora pracuje w banku. Codziennie rano o godzinie ________ ________ śniadanie, a o ________ ________ do pracy. W poniedziałki, o godzinie ________ ________ zawsze konferencję. Obiad ________ często o ________, a czasem o ________. Po południu, o ________ pani Sikora ________ herbatę, a o ________ ________ do domu.

3. Sie hören drei kurze Dialoge. Ergänzen Sie die fehlenden Informationen (Zahlen). (3|6)

a. ▲ Ile kilometrów na godzinę wolno tu jechać?
◆ ____________.

b. ▲ Przepraszam, dworzec, który to przystanek?
◆ Momencik, raz, dwa, trzy, cztery. ____________ przystanek.

c. ▲ Proszę tu są pani bilety: Odjazd o godzinie ____________, peron ____________, tor ____________.
◆ Dziękuję. O której godzinie jest przyjazd do Łodzi?
▲ O ____________.

4. Hören Sie den folgenden Zweizeiler, ergänzen Sie ihn und lernen Sie ihn auswendig. (3|7)
____________ odjazd? Kiedy przyjazd?
Gdzie jest objazd, a gdzie wyjazd?

5. Arbeiten Sie nun die weiteren mündlichen Übungen auf der CD durch. (3|8)

Ważne słówka i zwroty

Auf dem Bahnhof

Proszę bilet do ...	Bitte eine Fahrkarte nach ...
Bez przesiadki.	Ohne Umsteigen.
Tam i z powrotem.	Hin und zurück.
Tylko w jedną stronę.	Nur hin.
rozkład jazdy	Fahrplan
Poproszę miejscówkę przy oknie.	Bitte eine Platzkarte am Fenster.
opóźnienie	Verspätung

Gute Reise wünschen

Szerokiej drogi!	Gute Fahrt! *(wenn man mit dem Auto unterwegs ist)*
Szczęśliwej podróży!	Gute Reise!

Nach der Uhrzeit fragen

Która godzina?	Wie spät ist es?
O której godzinie?	Um wie viel Uhr?

Verkehrsmittel

samochód/auto	Auto
pociąg	Zug
samolot	Flugzeug
tramwaj	Straßenbahn
autobus	Bus
rower	Fahrrad

Weitere Wörter und Wendungen

Czy to miejsce jest wolne?	Ist der Platz frei?
Czy tu wolno palić?	Darf man hier rauchen?
To niemożliwe!	Das ist unmöglich!
pieszo	zu Fuß
Wszystko jedno.	Das ist mir egal.
Gdzie mam wysiąść?	Wo soll ich aussteigen?
Gdzie mam iść?	Wo soll ich hingehen?
W porządku.	In Ordnung.
gotówka	Bargeld

Lekcja 8

To był piękny urlop!

Rozmowa 1 3|9

Eine Reisegruppe befindet sich auf dem Marktplatz in Krakau. Der Reiseführer ▲ erzählt über die Geschichte von Krakau und die Touristen Frau ◆ und Herr Schmid ◆ stellen Fragen.

▲ Witam państwa na rynku w Krakowie! Na początek trochę historii. Kraków był bardzo długo stolicą Polski. Znajduje się tu wiele zabytków, na przykład Uniwersytet Jagielloński, gdzie studiował Mikołaj Kopernik. Przed nami widzimy Sukiennice. To były kiedyś hale targowe. Dzisiaj znajdują się tam sklepy z polskimi pamiątkami. Teraz pójdziemy do Kościoła Mariackiego ze słynnym ołtarzem Wita Stwosza. Wit Stwosz, który pochodził z Niemiec, był rzeźbiarzem i malarzem i mieszkał w Krakowie prawie 20 lat.	▲ Ich begrüße Sie auf dem Marktplatz in Krakau! Am Anfang ein bisschen Geschichte. Krakau war sehr lange die Hauptstadt Polens. Hier befinden sich sehr viele Sehenswürdigkeiten, zum Beispiel die Jagiellonen-Universität, an der Nikolaus Kopernikus studiert hat. Vor uns sehen wir die Tuchhallen. Das waren einmal Markthallen und heute befinden sich dort Läden mit polnischen Andenken. Jetzt gehen wir in die Marienkirche mit dem berühmten Altar von Veit Stoß. Veit Stoß, der aus Deutschland stammte, war Bildhauer und Maler und hat fast 20 Jahre in Krakau gewohnt.
◆ Jak długo mieszkańcy Krakowa budowali ten kościół?	◆ Wie lange haben die Einwohner Krakaus diese Kirche gebaut?
▲ Od XIII (trzynastego) do XV (piętnastego) wieku.	▲ Vom XIII. bis zum XV. Jahrhundert.
◆ A kto zbudował zamek Wawel?	◆ Und wer hat das Wawel-Schloss gebaut?
▲ Król Zygmunt Stary. Wawel zwiedzimy jeszcze przed południem, a potem pojedziemy do Wieliczki. To miejscowość niedaleko Krakowa, gdzie znajduje się stara kopalnia soli.	▲ König Sigismund der Alte. Den Wawel besichtigen wir noch am Vormittag und dann fahren wir nach Wieliczka. Das ist eine Ortschaft in der Nähe von Krakau, wo sich ein altes Salzbergwerk befindet.

Być – Vergangenheit

In diesem Dialog begegnen Sie den Vergangenheitsformen des Verbs *być* (sein). Dieses Verb wird wie folgt konjugiert:

Singular

	być			**sein**
	maskulin	feminin	neutral	
(ja)	*by**łem***	*by**łam***		ich war
(ty)	*by**łeś***	*by**łaś***		du warst
on/pan	*by**ł***			er war/Sie waren
ona/pani		*by**ła***		sie/Sie waren
ono			*by**ło***	es war

Plural

	Personalform	Sachform	
(my)	*by**li**śmy*	*by**ły**śmy*	wir waren
(wy)	*by**li**ście*	*by**ły**ście*	ihr wart
oni/państwo	*by**li***		sie/Sie waren
one		*by**ły***	sie/Sie waren

Wie Sie bemerkt haben, muss man bei der Konjugation das Geschlecht des Subjekts berücksichtigen. Es gibt nämlich im Singular männliche, weibliche und sächliche Formen und im Plural die Personal- und die Sachform. (Die Begriffe „Personalform" und „Sachform" wurden in *Lekcju 1* und *2* erklärt). Mehr zur Vergangenheit im Grammatikkapitel.

Studiował, pochodził, mieszkał, budowali, zbudował

Die Verben *studiował* (er hat studiert/er studierte), *pochodził* (er stammte aus), *mieszkał* (er hat gewohnt/er wohnte), *budowali* (sie haben gebaut/sie bauten), *zbudował* (er hat gebaut/er baute) stehen hier in der Vergangenheitsform. Mehr dazu im Grammatikkapitel.
Bei dem Verb *budowali* (sie haben gebaut) handelt es sich um einen unvollendeten Aspekt, da diese Tätigkeit einen langen Zeitraum gedauert hat. Das Verb ***z**budował* (er hat gebaut) ist dagegen vollendet, weil es sich hier um das Ergebnis des Bauens, d. h. um das Schloss *Wawel* handelt.

Na rynku w Krakowie

Bei den Wortverbindungen *na rynku* (auf dem Marktplatz) *w Krakowie* (in Krakau) handelt es sich um den Lokativ Singular.

Przed nami

Sie wissen schon, dass die Präposition *przed* (vor) mit dem Instrumental benutzt wird *(→ Lekcja 3)*. *Nami* (hier: uns) ist also die Instrumentalform von *my* (wir).

Trochę historii, wiele zabytków

Trochę (ein bisschen) und *wiele* (viele) sind Mengenangaben, deswegen stehen die Wörter *historia* (Geschichte) und *zabytki* (Sehenswürdigkeiten) hier im Genitiv Singular bzw. Plural *(→ Lekcja 5)*.

Niedaleko

Nach *niedaleko* (nicht weit) folgt der Genitiv: *niedaleko Krakowa* (nicht weit von Krakau).

Od ... do

Nach den Präpositionen *od ... do* (von ... bis) folgt der Genitiv: *od trzynastego do piętnastego wieku* (vom dreizehnten bis fünfzehnten Jahrhundert).

KRAKAU

Krakau ist eine der schönsten Städte Europas. Lassen Sie die einmalige Atmosphäre und den Charme dieser Stadt auf sich wirken, während Sie auf dem *Rynek Główny* (Hauptmarktplatz) in einem Café sitzen oder das alte jüdische Viertel *Kazimierz*, wo Steven Spielberg „Schindlers Liste" gedreht hat, besichtigen. Viele Sehenswürdigkeiten blieben in den Kriegen verschont, so kann man sie heute in all ihrer Pracht bewundern. Ca. 10 Kilometer von Krakau entfernt befindet sich *Wieliczka*, ein Ort, der für sein Salzbergwerk, in dem seit dem Mittelalter Salz abgebaut wird, berühmt ist. Man kann heute nicht nur die alte Salzmine und eine riesige unterirdische Kapelle besichtigen, sondern sich auch im Restaurant stärken oder sogar in einem Heilstollen Atemwegserkrankungen auskurieren. Sowohl Krakau als auch *Wieliczka* stehen auf der Weltkulturerbe-Liste der UNESCO.

Teraz Pan/Pani 3|10–11

a.

▶ Kiedy zwiedzimy Wawel i Kazimierz?
■ Wawel, dzisiaj rano, a Kazimierz, wieczorem.

1. Kiedy zwiedzimy Wawel i Kazimierz?
2. Kiedy pojedziemy do Wieliczki?
3. Kiedy pójdziemy do Kościoła Mariackiego?

b.

▶ Jak długo Wit Stwosz mieszkał w Krakowie?
■ Dwadzieścia lat.

1. Wit Stwosz mieszkał w Krakowie
2. mieszkałeś w Warszawie
3. Jurek mieszkał w Monachium
4. oni mieszkali w Berlinie
5. ona mieszkała w Niemczech

Rozmowa 2 3|12

Frau Walczak ▲ trifft nach dem Urlaub ihre Bekannte Ula ◆. Beide Frauen unterhalten sich über den verbrachten Urlaub.

▲ Cześć Ula, no i jak było na urlopie? Byliście nad morzem?	▲ Servus Ula, wie war's im Urlaub? Ihr wart am Meer?
◆ Tak, byliśmy w Jastarni. Było fantastycznie! Po prostu super! Dzieci kąpały się w morzu, ale dla mnie woda była trochę za zimna. Spacerowałam albo leżałam na plaży i opalałam się. Paweł żeglował i pływał też na desce surfingowej. A ty gdzie byłaś?	◆ Ja, wir waren in Jastarnia. Es war fantastisch! Einfach super! Die Kinder haben im Meer gebadet, aber für mich war das Wasser etwas zu kalt. Ich bin spazieren gegangen oder lag am Strand und habe mich gesonnt. Paweł war segeln und surfen. Und wo warst du?
▲ W górach, jak zwykle. Tym razem pojechaliśmy w Bieszczady. Wędrowaliśmy godzinami po górach, zbieraliśmy grzyby a nawet zrobiliśmy kurs jazdy konnej! Bardzo podobały nam się też wieczory przy ognisku.	▲ In den Bergen, wie immer. Diesmal sind wir in die Bieszczady gefahren. Wir sind stundenlang in den Bergen gewandert, haben Pilze gesammelt und haben sogar einen Reitkurs gemacht! Die Abende am Lagerfeuer haben uns auch sehr gefallen.
◆ Wyobraź sobie, że ja jeszcze nie byłam w Bieszczadach! Musisz mi dać koniecznie adres tego hotelu.	◆ Stell dir vor, ich war noch nie in den Bieszczady! Du musst mir unbedingt die Adresse des Hotels geben.
▲ Chętnie, nie ma sprawy.	▲ Gerne, kein Problem.

Na urlopie (Im Urlaub)

In der Wortverbindung *na urlopie* (im Urlaub) steht das Wort *urlop* (Urlaub) im Lokativ. „In den Ferien" heißt *na wakacjach*.

Nad morzem (Am Meer)

Nach der Präposition *nad* (am, über) folgt der Instrumental, und zwar dann, wenn es sich um die Frage „wo?" handelt: *Jestem nad morzem.* (Ich bin am Meer.) Siehe auch *Lekcja 10*.

Kąpały się, żeglował, pływał ... (sie haben gebadet, er war segeln, er ist geschwommen ...)

In diesem Dialog gibt es viele Verben, die in der Vergangenheitsform stehen. Mehr dazu im Grammatikkapitel.

W górach (in den Bergen)

Sie begegnen hier wieder dem Lokativ Plural: *w górach* (in den Bergen). Alle Substantive haben im Lokativ Plural die Endung ***-ach.*** Ausnahme: das Pluralwort *Niemcy* (Deutschland): *w Niemczech* (in Deutschland). Die Adjektive haben im Lokativ Plural die Endung ***-ych*** oder ***-ich***: *w star**ych** kościoł**ach*** (in den alten Kirchen), *w polsk**ich** gór**ach*** (in den polnischen Bergen), *w polsk**ich** miast**ach*** (in den polnischen Städten). Der Lokativ kommt nur in Verbindung mit Präpositionen vor, z. B. *w* (in), *przy* (bei, an), *na* (auf, in).

Bieszczady

Die Namen der Gebirgsketten sind Pluralwörter: *Bieszczady* (Teil der Karpaten in Südostpolen), *Tatry* (Tatra), *Karkonosze* (Riesengebirge), *Alpy* (Alpen). Man sagt: *Bieszczady **są** piękne.* (*Bieszczady* „sind" schön.) Übrigens, beim Wandern in den *Bieszczady* können Sie mit etwas Glück Braunbären sehen.

Podobać się (gefallen)

Dieses Verb haben Sie schon in *Lekcja 5* kennengelernt. In der Verbindung *podoba**ło** nam się* (es hat uns gefallen) steht das Verb in der Vergangenheit in der 3. Person Neutrum. *Nam* (uns) ist die Dativ-Form des Personalpronomens *my* (wir). In der Gegenwart sagt man: *podoba nam się* (es gefällt uns).
Im Anhang → Grammatikübersicht finden Sie die vollständige Deklination der Personalpronomen.

WOHIN IN DEN URLAUB?

Polen ist mit seiner abwechslungsreichen Landschaft für jeden als Urlaubsland sehr interessant. Beliebte Regionen sind z. B. die Ostseeküste mit den Wanderdünen *(ruchome wydmy)* in der Gegend von *Łeba* und mit der Halbinsel Hela *(Półwysep Hel)*, die stellenweise nur 200 m breit ist und eine einzigartige Naturkulisse darstellt. Man kann in Orten wie *Jastarnia* oder *Jurata* hervorragend kitesurfen, surfen oder segeln.
Ein anderes Urlaubsziel könnten die Masuren mit ihren zahlreichen Seen *(jeziora)* sein, wo Aktivurlauber eine Reise mit dem Kajak, Hausboot oder Rad unternehmen können.
Aber auch Ruhesuchende finden in Polen idyllische Ecken, wo man mitten in Naturschutzgebieten die Hektik der Welt vergessen kann, z. B. in den urtümlichen Dörfern in den *Bieszczady* oder in einem der zahlreichen Nationalparks.
Wer Berge bevorzugt, kann ins Riesengebirge *(Karkonosze)* fahren, wo man die malerischen Orte *Karpacz* (Krummhübel) oder *Szklarska Poręba* (Schreiberhau) besuchen sollte. In der Tatra-Region ist *Zakopane* der wohl bekannteste Ort.
Man muss noch unbedingt den *Białowieża*-Nationalpark erwähnen, der letzte Urwald in Europa, wo Wisente im Freien leben.
Aber nicht nur die Schönheit der Natur zieht die Touristen nach Polen. Außer *Kraków* (Krakau) locken *Warszawa* (Warschau), *Gdańsk* (Danzig), *Toruń* (Thorn) oder *Wrocław* (Breslau) mit kulturellen Highlights.

Teraz Pan/Pani 3|13–15

a.

- Gdzie byliście na urlopie?
- ▶ Nad morzem.
- No i jak było?
- ▶ Fantastycznie!

1. Nad morzem./Fantastycznie!
2. W górach./Bardzo gorąco!
3. W Bieszczadach./Pięknie!
4. W Tatrach./Super!
5. W Międzyzdrojach.*/Tak sobie. (So lala.)
6. Na Mazurach./Trochę drogo, ale super.

b.

- Co robiłaś na wakacjach?
- ▶ Spacerowałam godzinami nad morzem i opalałam się.

1. Spacerowałam godzinami nad morzem i opalałam się.
2. Wędrowałem i zbierałem grzyby.
3. Pływałem na desce surfingowej albo żeglowałem.
4. Leżałam na plaży i nie robiłam nic.

c.

- Co ci się najbardziej podobało?
- ▶ Wieczory przy ognisku i kurs jazdy konnej.

1. Wieczory przy ognisku i kurs jazdy konnej.
2. Plaża i ruchome wydmy.
3. Tatry i Zakopane.
4. Wszystko.

* Międzyzdroje *(Misdroy)* ist ein lebhafter Ferienort in Westpommern.

Rozmowa 3 3|16

Hanka ▲ und Piotr ◆ haben eine Postkarte von Magda aus dem Urlaub bekommen.

▲ Zobacz, dostaliśmy kartkę od Magdy z Mazur.

◆ Co pisze?

▲ Kochani, wczoraj przypłynęliśmy do Mikołajek. To ostatni dzień naszego spływu kajakowego po Krutyni. Ta rzeka jest urocza! Spaliśmy w domkach kempingowych albo w namiotach. Obiady jedliśmy w restauracjach, a śniadania i kolacje robiliśmy sami. Doskonale wypoczęłam. Serdeczne pozdrowienia i do zobaczenia wkrótce, Magda.

◆ Może my też pojedziemy w przyszłym roku na Mazury, jak myślisz? Ja bardzo lubię spać w namiocie, łowić ryby ...

▲ Ale ja nie umiem pływać ...

▲ Schau, wir haben eine Karte von Magda aus Masuren bekommen.

◆ Was schreibt sie?

▲ Meine Lieben, gestern sind wir in Nikolaiken angekommen. Es ist der letzte Tag unserer Kajaktour auf dem Krutynia. Dieser Fluss ist bezaubernd! Wir haben in Campinghäuschen oder in Zelten geschlafen. Zu Mittag haben wir in Restaurants gegessen, und Frühstück und Abendessen haben wir uns selbst gemacht. Ich habe mich hervorragend erholt. Herzliche Grüße und auf Wiedersehen. Bis bald, Magda.

◆ Vielleicht fahren wir auch nächstes Jahr nach Masuren. Was denkst du? Ich mag gerne im Zelt schlafen und angeln ...

▲ Aber ich kann nicht schwimmen ...

KRUTYNIA UND NIKOLAIKEN

Die Wasserwanderroute auf dem Fluss *Krutynia* gilt als eine der schönsten Paddeltouren Europas. Wenn Sie ein Liebhaber unberührter Natur sind, sollten Sie sich dieses wunderschöne Naturerlebnis nicht entgehen lassen.

Etwas lebhafter geht es in *Mikołajki* (Nikolaiken) zu, einem Ort, der sich von einem Fischerdorf zum touristischen Zentrum für Wassersport entwickelt hat.

Płynąć/przypłynąć

Das Verb *płynąć/przypłynąć* bedeutet nicht nur „schwimmen/anlegen“, sondern auch „mit dem Schiff/Boot unterwegs sein“: *Płynęliśmy kajkiem.* (Wir sind mit dem Kajak gefahren.) Die nicht zielgerichtete Entsprechung dieses Verbs lautet: *pływać* (schwimmen).

Vergangenheit

Vielleicht erkennen Sie schon die Vergangenheitsformen der Verben: *dostaliśmy* (wir haben bekommen), *przypłynęliśmy* (wir sind angekommen), *spaliśmy* (wir haben geschlafen), *jedliśmy* (wir haben gegessen), *robiliśmy* (wir haben gemacht), *wypoczęłam* (ich habe mich erholt). Diese Zeitform wird im Grammatikkapitel erklärt. Übrigens, ein Mann sagt: *wypoczął**em*** (ich habe mich erholt). Die Vergangenheitsformen von *jeść* lauten: *jadłem/jadłam* (ich habe gegessen), *jadłeś/jadłaś* (du hast gegessen) usw.

Schon wieder der Lokativ

W namiocie (im Zelt), *w domkach kempingowych* (in Campinghäuschen), *w restauracjach* (in Restaurants) – es handelt sich hier wieder um den Lokativ, entweder Singular oder Plural.

Sami (selbst, allein)

Das Wort *sami* (selbst) hat je nach dem Geschlecht folgende Formen:
sam – maskulin, *sama* – feminin, *samo* – Neutrum, *sami* – Personalform, *same* – Sachform.
Ein Mann sagt also: *Jestem sam*. Eine Frau sagt: *Jestem sama*. (Ich bin allein.)

Umieć

Das Verb *umieć* (können) wird nach dem Konjugationsmuster *-em, -esz* konjugiert.

Teraz Pan/Pani 3|17–18

a.

▶ Dostaliśmy kartkę od Franka.
■ Skąd?
▶ Z Mazur.

1. Franka/Mazur
2. Urszuli/Mikołajek
3. Oli/Sopotu
4. Janka/Tatr, z Zakopanego
5. Piotra/Międzyzdrojów
6. Gosi i Antka/Jastarni

b.

■ Może pojedziemy w przyszłym roku na Mazury?
▶ Nie, bo ja nie umiem pływać.

1. bo ja nie umiem pływać
2. bo ja nie lubię spać w namiocie
3. lepiej (besser) nad morze
4. wolę góry
5. bo nie lubię pływać kajakiem

Gramatyka

Die Vergangenheitsform

Im Polnischen gibt es nur eine Vergangenheitsform, die allen drei deutschen Vergangenheitsformen entspricht. *Mieszkałem* bedeutet also: „ich wohnte", „ich habe gewohnt" und „ich hatte gewohnt".
Wie schon erwähnt, werden in der Vergangenheitsform beim Konjugieren die Endungen des Verbs nicht nur an die Person angepasst, man muss auch das Geschlecht der Personen berücksichtigen: im Singular männlich, weiblich und Neutrum und im Plural Personalform und Sachform.
Ein Merkmal der Vergangenheitsform ist das ***ł*** bzw. ***l***, z. B.: *byłem* (ich war), *studiowałam* (ich habe studiert), *mieszkał* (er hat gewohnt), *jedliśmy* (wir haben gegessen).
Die Vergangenheitsform wird aus drei Teilen gebildet:
Grundform (ohne *ć*) + *ł* oder *l* + Personalendung für die Vergangenheit:
mieszkać (wohnen) → *mieszka + ł + em/am*

Singular

	mieszkać			**wohnen**
	maskulin	feminin	neutral	
(ja)	*mieszka**łem***	*mieszka**łam***		ich wohnte/habe gewohnt/ hatte gewohnt
(ty)	*mieszka**łeś***	*mieszka**łaś***		du wohntest/...
on/pan	*mieszka**ł***			er wohnte/..., Sie wohnten/...
ona/pani		*mieszka**ła***		sie/Sie wohnten/...
ono			*mieszka**ło***	es wohnte/...

Plural

	Personalform	Sachform	
(my)	*mieszkaliśmy*	*mieszkałyśmy*	wir wohnten/...
(wy)	*mieszkaliście*	*mieszkałyście*	ihr wohntet/...
oni/państwo	*mieszkali*		sie/Sie wohnten/...
one		*mieszkały*	sie/Sie wohnten/...

Noch eine Bemerkung: Bei den Verben, die in der Grundform auf ***-eć*** enden, z. B. *mi**eć*** (haben), *chci**eć*** (wollen), *musi**eć*** (müssen), kommt es zum Vokalwechsel: ***e*** → ***a***:

Singular

	mieć			**haben**
	maskulin	feminin	neutral	
(ja)	*mia**łem***	*mia**łam***		ich hatte/habe gehabt/ hatte gehabt
(ty)	*mia**łeś***	*mia**łaś***		du hattest/...
on/pan	*mia**ł***			er hatte/..., Sie hatten/...
ona/pani		*mia**ła***		sie/Sie hatten/...
ono			*mia**ło***	es hatte/...

Plural

	Personalform	Sachform	
(my)	*mieliśmy*	*miałyśmy*	wir hatten/...
(wy)	*mieliście*	*miałyście*	ihr hattet/...
oni/państwo	*mieli*		sie/Sie hatten/...
one		*miały*	sie/Sie hatten/...

Im Zusammenhang mit der Vergangenheitsform werden oft folgende Wortverbindungen benutzt: *dwa/trzy ... lata temu* (vor zwei/drei ... Jahren) oder *w zeszłym roku* (im vergangenen Jahr).

Ćwiczenia

Ćwiczenia pisemne

1. Was passt zusammen? Verbinden Sie.

a. Warszawa
b. Krutynia
c. Wawel
d. Wieliczka
e. Mazury
f. Bieszczady

1. góry
2. stolica Polski
3. jeziora
4. rzeka
5. zamek
6. kopalnia soli

2. Lesen Sie die Urlaubsgrüße und ergänzen Sie die richtige Verbform in der Vergangenheit. Achten Sie auf die Personen, die diese Postkarten geschrieben haben.

Cześć Anita!
Serdeczne pozdrowienia z Wrocławia!
Jest super! ____________ *(zwiedzić)* już dużo zabytków. Wczoraj ____________

(widzieć) Panoramę Racławicką* a wieczorem ________________ *(być)* na koncercie! ________________ *(pojechać)* nawet do Karpacza. Szkoda, że to już ostatni dzień naszego urlopu.

Do zobaczenia wkrótce

Doris i Max z dziećmi.

3. *Sam, sama, sami*? Ergänzen Sie.

a. Hania sagt: Lubię spacerować __________ nad morzem.
b. Daniel und Wiktoria sagen: Wszystko robiliśmy __________.
c. Alina fragt Andrzej: Jedziesz __________ do Polski?
d. Und über sich selbst sagen Sie: Nie lubię __________ chodzić do kina.

4. Ergänzen Sie die richtige Vergangenheitsform von *być*.

a. Kiedy *(ty)* ______________ / ______________ w Niemczech?
b. *(My)* ______________ / ______________ na wakacjach nad morzem.
c. Mateusz, gdzie ______________ na urlopie?
d. Państwo Bauer ______________ w zeszłym roku w Polsce.
e. Franek ______________ wczoraj w domu.
f. Po południu Agata ______________ na plaży.

5. Wer sagt das? Ordnen Sie die Aussagen den entsprechenden Personen zu.

Wiktoria – Bartek – Michał i Anka – Patryk i Dominik – Jolanta i Magda

a. W zeszłym roku zwiedziłyśmy Austrię. ________________
b. Dwa lata temu studiowałem w Berlinie. ________________
c. W sobotę spacerowałam dwie godziny nad morzem. ________________
d. Na urlopie spaliśmy w domkach kempingowych. ________________ / ________________
e. Wczoraj cały dzień żeglowaliśmy. ________________ / ________________

6. Ergänzen Sie die richtige Verbform in der Vergangenheit.

a. Krysia ______________ zrobić kurs jazdy konnej. *chcieć*
b. Bogusław ______________ problemy z samochodem. *mieć*
c. Dlaczego *(wy)* ______________ / ______________ pojechać do Wrocławia? *musieć*
d. Ja ______________ / ______________ wczoraj dużo czasu. *mieć*
e. Kazimierz ______________ pracować w sobotę. *musieć*
f. *(My)* ______________ / ______________ pojechać jeszcze do Gdańska, ale nie ______________ / ______________ czasu. *chcieć / mieć*

---

* *Panorama Racławicka* ist ein riesiges Gemälde (114 m x 14 m), das in einem speziellen Rundbau ausgestellt wird. Das Panoramabild selbst zeigt den Sieg der polnischen Armee über die russische Armee in der Schlacht bei Racławice 1794.

7. Ergänzen Sie die Sätze. Achten Sie auf die Lokativ-Plural-Endungen.

a. Johannes mieszka w ______________. *Niemcy*

b. Ten wazon kupiłam w ______________. *Sukiennice*

c. Byłeś już na ______________? *Mazury*

d. Dzieci lubią spać w ______________. *namioty*

e. W zeszłym roku byliśmy na ______________ w ______________. *wakacje/góry*

f. W ______________ można doskonale wypocząć. *Międzyzdroje*

8. Übersetzen Sie ins Polnische.

a. Łukasz, was hast du gestern gemacht?

____

b. Gefällt es dir?

____

c. Ich habe zwei Jahre in Berlin gewohnt.

____

d. Kannst du schwimmen?

____

e. Das gefällt mir nicht.

____

f. Ich habe eine Karte von Marek bekommen.

____

g. Wo warst du in den Ferien?

____

h. Es hat uns dort sehr gefallen.

____

i. In Polen möchte ich alte Kirchen besichtigen.

____

Ćwiczenia z CD

1. Bei der Aussprache von *r* achten Sie darauf, dass die Zungenspitze vibriert und dabei den Gaumen am Zahnansatz berührt. Hören Sie zu und sprechen Sie nach. 3|19

a. rogalik – Roman – rachunek – rynek – Radom – rano – rozmowa

b. herbata – Marta – siostra – Kraków – góry – urlop – król – jutro

c. wieczór – deser – telewizor – Wiktor – rower

2. Andrzej erzählt, wo er dieses Jahr im Urlaub war. Hören Sie zu und notieren Sie die Region und die Orte. 3|20

____

3. Was haben Mariola und Ryszard im Urlaub gemacht? Hören Sie zu und markieren Sie die richtigen Aussagen. 3|21

	Ryszard ◆		Mariola ●	
a.	zbierał grzyby	☐	zbierała grzyby	☐
b.	wędrował po górach	☐	wędrowała po górach	☐
c.	żeglował na Mazurach	☐	żeglowała na Mazurach	☐
d.	spacerował	☐	spacerowała	☐
e.	opalał się	☐	opalała się	☐
f.	kąpał się w morzu	☐	kąpała się w morzu	☐
g.	łowił ryby	☐	łowiła ryby	☐
h.	leżał godzinami na plaży	☐	leżała godzinami na plaży	☐
i	pływał	☐	pływała	☐

4. Hören Sie den folgenden Zweizeiler, ergänzen Sie ihn und lernen Sie ihn auswendig. 3|22

Plaża i niebieska woda
Chodź, idziemy, czasu ________________!

5. Arbeiten Sie nun die weiteren mündlichen Übungen auf der CD durch. 3|23

Ważne słówka i zwroty

Über die Vergangenheit sprechen

dwa lata temu	vor zwei Jahren
w zeszłym roku	voriges Jahr
wczoraj	gestern

Über den Urlaub sprechen

na urlopie	im Urlaub
na wakacjach	in den Ferien
nad morzem	am Meer
w górach	in den Bergen
na plaży	am Strand

Sagen, wie etwas ist (war)

(Było) fantastycznie!	(Es war) fantastisch!
(Było) super!	(Es war) super!
(Było) tak sobie.	(Es war) so lala.
Doskonale!	Ausgezeichnet!

Grüße schreiben

Kochani!	Meine/Unsere Lieben!
Serdeczne pozdrowienia!	Herzliche Grüße!
Do zobaczenia wkrótce!	Auf Wiedersehen und bis bald!

Weitere Wendungen

Podoba ci się?	Gefällt es dir?
Wszystko bardzo mi się podobało.	Es hat mir alles sehr gefallen.
na przykład	zum Beispiel
niedaleko	nicht weit
Wyobraź sobie, że ...	Stell dir vor, dass ...
Nie ma sprawy.	Keine Ursache./Na klar.
Nie umiem pływać.	Ich kann nicht schwimmen.
po prostu	ganz einfach
jak zwykle	wie gewohnt
tym razem	dieses Mal
koniecznie	unbedingt
Szkoda czasu!	Schade um die Zeit!
wędrować po górach	in den Bergen wandern

Lekcja 9

Chyba jestem chora ...

Rozmowa 1 3|24

Herr Kaczmarek ▲ ist krank und geht zum Arzt ◆.

▲ Dzień dobry!	▲ Guten Tag!
◆ Dzień dobry, co panu dolega?	◆ Guten Tag, was fehlt Ihnen?
▲ Wszystko mnie boli, głowa, mięśnie, mam katar i kaszlę. Poza tym jestem słaby i w ogóle źle się czuję.	▲ Alles tut mir weh, der Kopf, die Muskeln, ich habe Schnupfen und ich huste. Außerdem bin ich schwach und überhaupt fühle ich mich schlecht.
◆ Ma pan gorączkę?	◆ Haben Sie Fieber?
▲ Tak, 38,5 (trzydzieści osiem, pięć).	▲ Ja, 38,5.
◆ Proszę się rozebrać do pasa. Muszę pana zbadać. Proszę oddychać spokojnie. Teraz proszę pokazać język – gardło jest w porządku. To grypa. Musi pan położyć się do łóżka. Proszę brać to lekarstwo trzy razy dziennie. Czy jest pan na coś uczulony?	◆ Bitte machen Sie den Oberkörper frei. Ich muss Sie untersuchen. Atmen Sie bitte ruhig. Zeigen Sie jetzt die Zunge – der Hals ist in Ordnung. Das ist eine Grippe. Sie müssen im Bett bleiben. Bitte nehmen Sie dieses Medikament drei Mal täglich. Sind Sie gegen etwas allergisch?
▲ Nie, nie jestem na nic uczulony.	▲ Nein, ich bin gegen nichts allergisch.
◆ Bierze pan jakieś leki?	◆ Nehmen Sie irgendwelche Medikamente?
▲ Tak, biorę, bo jestem diabetykiem.	▲ Ja, ich nehme welche, weil ich Diabetiker bin.
◆ Do widzenia, życzę szybkiego powrotu do zdrowia!	◆ Auf Wiedersehen, ich wünsche Ihnen gute Besserung!

HAUSMITTEL

Eine Erkältung wird in Polen oft mithilfe von Hausmitteln kuriert. Gegen Husten hilft z.B. ein Zwiebelsirup, den man aus einer klein gewürfelten Zwiebel *(cebula)* und Zucker zubereitet, oder heiße Milch mit Knoblauch *(czosnek)* und Honig. Besser schmeckt Himbeersirup *(syrop malinowy)*, der als schweißtreibendes Mittel gern im Tee getrunken wird.

Co panu dolega? (Was fehlt Ihnen?)

Der Arzt fragt: *Co panu/pani/ci dolega?* (Was fehlt Ihnen/dir?) Wenn man Schmerzen hat, lautet die Antwort darauf, wenn **ein** Körperteil schmerzt, z. B.: ***Boli*** *mnie głowa.* (Der Kopf tut mir weh.) Wenn **mehrere** Körperteile schmerzen, sagt man z. B.: ***Bolą*** *mnie oczy.* (Meine Augen tun mir weh.)

Boleć (schmerzen, weh tun)

Die Person, die Schmerzen hat, steht in Verbindung mit dem Verb *boleć* im Akkusativ. *Boli mnie ząb.* (Ein Zahn tut mir weh.) *Co cię boli?* (Was tut dir weh?) *Mnie* und *cię* sind also Akkusativformen der Personalpronomen *ja* (ich) und *ty* (du). Siehe auch → Grammatikübersicht im Anhang.

Körperteile

Die Namen der Körperteile lauten:

głowa	Kopf	
nos	Nase	
język	Zunge	Bemerkung: Das Wort *język* bedeutet auch „Sprache“: *język polski* heißt „polnische Sprache“.
ząb (Pl zęby)	Zahn	
oko (Pl oczy)	Auge	
ucho (Pl uszy)	Ohr	
ręka (Pl ręce)	Hand, Arm	
brzuch	Bauch	
noga	Bein	
plecy Pl	Rücken	Bemerkung: „der Rücken“ ist im Polnischen ein Pluralwort.

Położyć się

Das Verb *położyć się* (sich hinlegen) wird nach dem Muster *-ę, -ysz* konjugiert.

Mehrfache Verneinung

Im folgenden Satz gibt es zwei Negationselemente: ***Nie*** *jestem na* ***nic*** *uczulony.* (Ich bin gegen nichts allergisch.) Wir haben es hier mit der doppelten Verneinung zu tun, die typisch für die polnische Sprache ist. Wenn in einer negativen Aussage ein Negationselement, z. B. *nic* (nichts), *nigdy* (nie), *nigdzie* (nirgends), *nikt* (niemand), gebraucht wird, muss man trotzdem das Wort *nie* (nicht), das immer vor dem Verb steht, benutzen. Man kann sogar in einer negativen Aussage mehrere Negationselemente benutzen: ***Nic*** *mnie* ***nigdy nie*** *boli.* (Mir tut nie etwas weh.)

Do pasa

Die Redewendung *do pasa* bedeutet „bis zu der Gürtellinie".

Lekarstwo (Medikament)

Das Wort „Medikament" hat zwei polnische Entsprechungen: *lekarstwo* und *lek*.

Allergie

Wenn man gegen etwas allergisch ist, sagt man: *Jestem uczulony/a na …* (Ich bin allergisch gegen …) Das Substantiv, das die Allergie bezeichnet, steht im Akkusativ: *Jestem uczulony na penicylinę.* (Ich bin gegen Penizillin allergisch.) Übrigens, Heuschnupfen heißt *katar sienny* und Blütenpollen *pyłki kwiatowe*.

Brać (nehmen)

Das Verb *brać* (nehmen), → *Lekcja 7*, ist unregelmäßig. Die Formen für die 1. und die 2. Person lauten: *biorę* (ich nehme), *bierzesz* (du nimmst).

Gute Besserung!

Die Genesungswünsche lauten: *Życzę panu/pani/ci szybkiego powrotu do zdrowia.* Wörtlich: „Ich wünsche Ihnen/dir eine schnelle Rückkehr zur Gesundheit."

APOTHEKE

Sie finden überall in Polen gut ausgestattete Apotheken. Denken Sie daran, dass Sie die Namen der Arzneien, die Sie aus Deutschland kennen, auf Polnisch richtig aussprechen. Achten Sie besonders auf die Betonung der vorletzten Silbe.

Teraz Pan/Pani 3|25–27

a.

- Co panu dolega?
- ▶ Boli mnie ucho i gardło. Poza tym kaszlę i mam katar.

1. Boli mnie ucho i gardło. Poza tym kaszlę i mam katar.
2. Boli mnie głowa i mam gorączkę.
3. Bolą mnie plecy i lewa ręka.
4. Wszystko mnie boli i źle się czuję.

b.

- Czy bierze pani jakieś lekarstwa?
- ▶ Tak, bo mam astmę. (Asthma)

1. Tak, bo mam astmę.
2. Tak, bo jestem diabetykiem.
3. Tak, bo mam słabe serce. (Herz)
4. Tak, bo mam katar sienny.

c.

- Jest pan na coś uczulony?
- ▶ Nie, nie jestem na nic uczulony.

1. Nie, nie jestem na nic uczulony.
2. Tak, na pyłki kwiatowe i truskawki.
3. Tak, na penicylinę.

Rozmowa 2 3|28

Es ist Sonntag. Frau Grabowska ▲ fühlt sich nicht wohl. Ihr Mann ◆ gibt ihr ein paar Ratschläge und bringt sie schließlich ins Krankenhaus.

◆ Co ci jest? Jesteś blada i źle wyglądasz ...	◆ Was hast du? Du bist blass und siehst schlecht aus ...
▲ Nie wiem, co mi jest. Mam silne bóle brzucha.	▲ Ich weiß nicht, was mit mir los ist. Ich habe starke Bauchschmerzen.
◆ Połóż się, może to przejdzie. Weź krople żołądkowe.	◆ Leg dich hin, vielleicht vergeht es. Nimm Magentropfen.
◆ No i jak się czujesz, lepiej?	◆ Na, und fühlst du dich besser?
▲ Nie, gorzej. Bóle są coraz silniejsze.	▲ Nein, schlechter. Die Schmerzen sind noch schlimmer.
◆ W takim razie musimy natychmiast jechać do szpitala. To może być zapalenie wyrostka robaczkowego, albo zatrucie pokarmowe.	◆ In diesem Fall müssen wir sofort ins Krankenhaus fahren. Das kann eine Blinddarmentzündung oder eine Lebensmittelvergiftung sein.

Co mi jest?

In der Umgangssprache bedeutet diese Redewendung „Was ist mit mir los?/Was habe ich?“ Wenn ich jemanden frage: „Was ist mit Ihnen/dir los?“, heißt es: *Co Panu/Pani/ci jest?* Die Antwort darauf kann z. B. lauten: *Nic mi nie jest.* (Nichts ist mit mir los.)
Die zweite umgangssprachliche Redewendung ist: *Może to przejdzie.* (Vielleicht vergeht es.)

Żołądkowe (Magen-)

Es handelt sich hier um ein Adjektiv, das von einem Substantiv abgeleitet ist:
Substantiv: *żołądek* (Magen) → Adjektiv: *żołądk**owy***, ***-a, -e*** (Magen-).
Es ist die häufigste Adjektiv-Endung. Hier andere Beispiele: *kwiat* (Blume) → *kwiatowy* (Blumen-), *malina* (Himbeere) → *malinowy* (Himbeer-).

Połóż się! (Leg dich hin!)

In diesem Dialog gibt es zwei Befehlsformen für die 2. Person Singular: *połóż się!* (leg dich hin!) und *weź!* (nimm!). In *Lekcja 2* haben Sie schon die höfliche Aufforderung in Verbindung mit dem Wort *proszę* (bitte) gelernt. In dieser Lektion lernen Sie, wie man den Imperativ bildet (→ Grammatikkapitel).

Lepiej, gorzej

Es handelt sich hier um die Steigerung der Adverbien:
dobrze (gut) → *lepiej* (besser)
źle (schlecht)→ *gorzej* (schlechter)
Adverbien kommen am häufigsten in Verbindung mit Verben vor: *Mówię **dobrze** po polsku, ale on mówi **lepiej**.* (Ich spreche **gut** Polnisch, aber er spricht **besser**.)

Silniejsze

Hier haben wir es mit der ersten Steigerungsstufe des Adjektivs *silny* (stark) zu tun. Die Steigerung der Adjektive wird im Grammatikkapitel erklärt.

Coraz

Um die erste Steigerungsstufe der Adverbien und der Adjektive zu verstärken, benutzt man das Wort *coraz*: *coraz lepiej* (immer besser), *coraz silniejsze* (immer stärker) usw.

W takim razie

ist eine feste Redewendung und bedeutet „in diesem Fall“.

Teraz Pan/Pani 3|29–30

a.

■ Mam silne bóle brzucha.
▶ Weź lekarstwo!

1. Weź lekarstwo!
2. Weź krople żołądkowe i połóż się!
3. Napij się herbaty!

b.

■ Czuję się coraz gorzej.
▶ W takim razie musimy natychmiast jechać do szpitala.

1. W takim razie musimy natychmiast jechać do szpitala.
2. Chyba musimy wezwać pogotowie. (den Notarzt rufen)
3. To jedziemy do lekarza.

Rozmowa 3 3|31

Herr Michalak ◆ ist gerade zu Fuß in Warschau unterwegs, als eine junge Frau ● um Hilfe ruft. Herr Michalak ruft den Notarzt ●.

● Pomocy!
◆ Co się stało?
● Moja noga! Au, bardzo boli! Słabo mi.
◆ Spokojnie. Już dzwonię po pogotowie. 112, nazywam się Michalak. Proszę szybko przyjechać na Most Gdański. Jedna pani przewróciła się na rowerze i chyba złamała nogę.
● Czy ta osoba jest przytomna?
◆ Tak, ale wygląda na to, że zaraz zemdleje.

● Hilfe!
◆ Was ist passiert?
● Mein Bein! Aua! Es tut sehr weh! Mir ist schlecht.
◆ Ruhig. Ich rufe schon den Rettungsdienst an. 112, ich heiße Michalak. Bitte kommen Sie schnell zur Danziger Brücke. Eine Frau ist vom Fahrrad gestürzt und wahrscheinlich hat sie sich das Bein gebrochen.
● Ist die Person bei Bewusstsein?
◆ Ja, aber es sieht so aus, als ob sie gleich in Ohnmacht fällt.

NOTFALL

Erste Hilfe ist in Polen kostenlos. Die Notrufnummer für den Rettungsdienst *Pogotowie ratunkowe* ist entweder 999 oder 112. Die Nummer 112 ist eine allgemeine Notrufnummer. Sie werden dann mit dem zuständigen Dienst verbunden.

Co się stało?

Co się stało? ist eine feste Redewendung und bedeutet „Was ist passiert?“.

Wenn jemandem schwindelig wird

Wenn man spürt, dass man in Ohnmacht fallen könnte, sagt man: *Jest mi słabo*. (Ich fühle mich schwach./Mir ist schwindelig.)

Na rowerze

Das Wort *rower* (Fahrrad) steht hier im Instrumental Singular: *na rowerze* (auf dem Fahrrad/ mit dem Fahrrad).

Mögliche Folgen eines Fahrradsturzes

Wenn man sich den Fuß/die Hand usw. gebrochen hat, sagt man, je nachdem, ob man ein Mann oder eine Frau ist:
– *złamał**em** nogę/rękę* usw. (Mann)
– *złamał**am** nogę/rękę* usw. (Frau)

Teraz Pan/Pani 3|32–33

a.

▶ Pomocy!
■ Co się stało?
▶ Chyba złamałam nogę.

1. Pomocy!/Chyba złamałam nogę.
2. Na pomoc!/Słabo mi, boli mnie serce. Pogotowie, szybko!
3. Pomocy!/Moja ręka! Chyba złamałem rękę.

b.

■ Czy ta osoba jest przytomna?
▶ Tak, ale chyba zaraz zemdleje.

1. Tak, ale chyba zaraz zemdleje.
2. Nie, proszę szybko przyjechać!
3. Tak, ale jest ranna (verletzt).
4. Tak i ma silne bóle.

WENN MAN KRANK WIRD

Medizinische Hilfe bekommt man im Krankenhaus *(szpital)* oder in zahlreichen Ärztehäusern, die unterschiedlich genannt werden: *Przychodnia, Poradnia, Centrum Opieki Medycznej, Zakład Opieki Zdrowotnej.* Eine Arztpraxis heißt: *Gabinet lekarski.*
Die Fachärztebezeichnungen sind im Allgemeinen leicht zu erraten. Die wichtigsten Spezialisten heißen:

internista	Internist	*kardiolog*	Kardiologe
pediatra	Kinderarzt	*ortopeda*	Orthopäde
laryngolog	HNO-Arzt	*ginekolog*	Gynäkologe
okulista	Augenarzt	*dentysta/stomatolog*	Zahnarzt

Gegen Vorlage der Europäischen Krankenversicherungskarte sind die Leistungen im Krankheitsfall garantiert und die Krankenkasse übernimmt die Kosten.

Gramatyka

1 Das Adjektiv – Steigerung

Adjektive kann man nicht nur deklinieren (siehe Anhang → Grammatikübersicht), sondern auch, wie im Deutschen, steigern: *zdrowy* (gesund), *zdrowszy* (gesünder), *najzdrowszy* (am gesündesten). Die Regel zur Bildung des Komparativs (erste Steigerungsstufe) lautet: Grundstufe ohne Endung + ***-szy*** oder ***-(i)ejszy***.
Den Superlativ (zweite Steigerungsstufe) bildet man auf folgende Weise:
Komparativ + Vorsilbe ***naj-***.
Wie immer im Polnischen gibt es auch hier viele Abweichungen und Ausnahmen. Vergleichen Sie die Formen in der Tabelle.

Positiv	Komparativ	Superlativ	Bemerkungen
*zdro**w**y* (gesund)	*zdrow**sz**y*	***naj**zdrowszy*	
*pię**kn**y* (schön)	*piękni**ejszy***	***naj**piękniejszy*	mehrere Konsonanten am Ende des Wortstamms
*mi**ł**y* (nett)	*mi**l**szy*	***naj**milszy*	Beispiel für einen Konsonantenwechsel
*dro**gi*** (teuer)	*dro**ż**szy*	***naj**droższy*	Beispiel für einen Konsonantenwechsel
*bl**a**dy* (blass)	*bl**e**dszy*	***naj**bledszy*	Beispiel für einen Vokalwechsel
*krót**ki*** (kurz)	*krótszy*	***naj**krótszy*	*-k*, *-ok*, *-ek* am Ende des Wortstamms fallen weg
*szer**oki*** (breit)	*szerszy*	***naj**szerszy*	*-k*, *-ok*, *-ek* am Ende des Wortstamms fallen weg
dobry (gut)	*lepszy*	***naj**lepszy*	unregelmäßig
zły (schlecht)	*gorszy*	***naj**gorszy*	unregelmäßig
duży (groß)	*większy*	***naj**większy*	unregelmäßig
mały (klein)	*mniejszy*	***naj**mniejszy*	unregelmäßig

Bei Konsonanten- oder Vokalwechsel kommt es auch noch zu anderen Veränderungen als in der Tabelle gezeigt.
Es gibt noch eine zweite Steigerungsmöglichkeit, die hauptsächlich bei mehrsilbigen Adjektiven verwendet wird. Diese Adjektive werden mithilfe von *bardziej/najbardziej* (mehr/am meisten) bzw. *mniej/najmniej* (weniger/am wenigsten) gesteigert:
interesujący (interessant) – *bardziej/mniej interesujący* – *najbardziej/najmniej interesujący.*
Bardziej ist die Komparativform von *bardzo* (sehr). *Mniej* ist die Komparativform von *mało* (wenig).

2 Der Imperativ für die 2. Person Singular und für die Sie-Form

Der Imperativ (Befehlsform) für die 2. Person Singular (du-Form) wird in der Regel ausgehend von der 3. Person Plural Präsens gebildet:

Grundform	3. Person Plural Präsens	Imperativ 2. Person Singular
jeść (essen)	*jedzą* (sie essen)	*jedz!* (iss!)
uważać (aufpassen)	*uważają* (sie passen auf)	*uważaj!* (pass auf!)
pokazać (zeigen)	*pokażą* (sie zeigen)	*pokaż!* (zeige!)

Es gibt allerdings viele Abweichungen von dieser Regel. Hier sind die wichtigsten: *rób!* (mach!), *mów* (sprich!), *idź!* (geh!), *śpij* (schlaf!), *bądź!* (sei!), *weź* (nimm!).

Für die Sie-Form (→ *Lekcja 2*) wird vorwiegend die einfache Konstruktion *proszę* (bitte) + Infinitiv verwendet: *Proszę uważać!* (Bitte passen Sie auf!)

Ćwiczenia

Ćwiczenia pisemne

1. Es geht um Allergien. Formulieren Sie Sätze nach dem Muster.

a. ja – truskawki *Jestem uczulony/-a na truskawki.*
b. ja – czekolada ______
c. moje dzieci – mleko ______
d. moja żona – maliny ______
e. mój mąż – to lekarstwo ______
f. moja córka – pyłki kwiatowe ______

2. Was tut diesen Personen weh? Bilden Sie Sätze nach dem Muster.

a. Gosia – brzuch *Gosię boli brzuch.*
b. Janusz – ucho ______
c. ja – żołądek ______
d. moja mama – serce ______
e. ty – plecy? ______
f. mój ojciec – nogi ______

3. Ergänzen Sie die Gegenteile.

a. Adjektive
zimny *gorący*
mały ______
chory ______
silny ______

b. Adverbien
dużo *mało*
powoli ______
długo ______
źle ______

4. Ergänzen Sie die Steigerungsformen der Adjektive und Adverbien.

a. dużo	więcej	najwięcej
b. dobrze	____________	____________
c. ____________	zlmniejszy	____________
d. ____________	____________	najgorzej
e. ____________	____________	najlepszy
f. silny	____________	____________
g. ____________	większy	____________
h. mały	____________	____________
i. długi	____________	____________
j. ____________	słabszy	____________

5. Adjektiv oder Adverb? Markieren Sie das richtige Wort.

a. Ten szpital jest bardzo <u>duży</u>/dużo.
b. Na śniadanie jem bardzo mały/mało.
c. Chciałabym żyć długi/długo.
d. Ten pokój mi się nie podoba, bo jest bardzo mały/mało.
e. Dzisiaj mam zły/źle dzień.
f. Chciałbym mówić bardzo dobry/dobrze po polsku.
g. Zły/źle to zrobiłeś.
h. To jest naprawdę dobra/dobrze restauracja.
i. Dlaczego musisz tak duży/dużo pracować?

6. Bilden Sie Sätze mit doppelter Verneinung. Benutzen Sie dabei das Gegenteil des unterstrichenen Wortes.

a. <u>Zawsze</u> piję na śniadanie herbatę.
Nigdy nie *piję na śniadanie herbaty.*
b. My <u>zawsze</u> jemy kolację w domu.
____
c. Ja wiem <u>wszystko</u>.
____
d. Oni <u>zawsze</u> jadą na wakacje do Polski.
____
e. <u>Wszystko</u> mnie boli.
____

7. Formulieren Sie höfliche Bitten als Aufforderungen für die 2. Person Singular.

a. Proszę tam iść. *Idź tam!*
b. Proszę to szybko zrobić. ______!
c. Proszę zobaczyć te zdjęcia. ______!
d. Proszę mówić powoli. ______!
e. Proszę zjeść śniadanie. ______!
f. Proszę mi to dać. ______!

8. Bilden Sie Adjektive von den folgenden Substantiven. Achten Sie auf die Endungen.

a. cytryna — sok *cytrynow***y**
b. pomidor — zupa ______
c. samochód — mapa ______
d. rower — droga ______
e. malina — herbata ______
f. owoce — lody ______

9. Übersetzen Sie ins Polnische.

a. Ich habe Fieber. ______
b. Hast du Kopfschmerzen? ______
c. Er hustet und hat Schnupfen. ______
d. Bist du gegen etwas allergisch? ______
e. Mein Sohn hat Heuschnupfen. ______
f. Schlaf gut! ______

Ćwiczenia z CD

1. Das *c* wird oft falsch ausgesprochen. Hören Sie zu und sprechen Sie nach. 3|34
Achten Sie darauf, das *c* immer wie das deutsche „z" in „Zelt" auszusprechen.
co – córka – rodzice – serce – nic – plecy – cały – coś – plecak – Niemcy – pomocy!

2. Welcher Arzt behandelt die folgenden Personen und welche Beschwerden haben sie? 3|35
Hören Sie zu und ergänzen Sie.

osoba	co ją/go boli	lekarz specjalista
a. Beata	______	______
b. Staszek	______	______
c. córka pani Bąk	______	______
d. syn pani Gawin	______	______

3. Hören Sie den folgenden Zweizeiler, ergänzen Sie ihn und lernen Sie ihn auswendig. 3|36
Proszę wezwać ______!
Chodzi tu o moje zdrowie!

4. Arbeiten Sie nun die weiteren mündlichen Übungen auf der CD durch. 3|37

Ważne słówka i zwroty

Beim Arzt

Co pana/panią/cię boli?	Was tut Ihnen/dir weh?
Co panu/pani/ci dolega?	Was fehlt Ihnen/dir?
Wszystko mnie boli.	Alles tut mir weh.
Mam gorączkę.	Ich habe Fieber.
Życzę szybkiego powrotu do zdrowia!	Gute Besserung!

Um Hilfe rufen

Pogotowie szybko!	Ein Notarzt, schnell!
Pomocy!/Na pomoc!	Hilfe!
Proszę wezwać pogotowie!	Bitte rufen Sie den Notarzt!

Der menschliche Körper

głowa	Kopf
ręka	Hand, Arm
noga	Bein
brzuch	Bauch
ucho	Ohr
oko	Auge
nos	Nase
plecy	Rücken
żołądek	Magen
serce	Herz

Weitere Wendungen

Mam katar sienny.	Ich habe Heuschnupfen.
Mam grypę.	Ich habe Grippe.
Jak się czujesz?	Wie fühlst du dich?
Źle się czuję.	Ich fühle mich schlecht.
Co się stało?	Was ist passiert?
Słabo mi.	Mir ist schlecht.
Co ci jest?	Was ist mit dir los?
w takim razie	in diesem Fall
Wygląda na to, że ...	Es sieht so aus, als ob ...
To przejdzie.	Das geht vorüber.
Nikt nic nie wie.	Keiner weiß Bescheid.
na rowerze	mit dem Fahrrad
wypadek	Unfall

Lekcja 10

Jaka będzie jutro pogoda?

Jaka będzie jutro pogoda?

Rozmowa 1 3|38

Dorota ▲ möchte einen Ausflug in die Berge machen und fragt Tomek ◆, wie das Wetter am Wochenende sein wird.

▲ Tomku, jaka będzie jutro pogoda?	▲ Tomek, wie wird das Wetter morgen?
◆ Zaraz zobaczę w Internecie ... Jutro będzie ciepło, ale wieczorem, będzie trochę padać. W nocy będzie burza.	◆ Ich schaue gleich im Internet nach ... Morgen wird es warm sein, aber am Abend wird es etwas regnen. In der Nacht gibt's Gewitter.
▲ A w niedzielę?	▲ Und am Sonntag?
◆ Będzie bardzo ładnie, cały dzień będzie słonecznie. W sam raz na wycieczkę w góry!	◆ Es wird sehr schön, die Sonne wird den ganzen Tag scheinen. Gerade richtig für einen Ausflug in die Berge!

Vokativ Singular

Der Vorname *Tomek* steht hier im Vokativ: *Tomku*. Der Vokativ wird verwendet, um Personen anzusprechen oder zu rufen. In der Umgangssprache wird der Vokativ oft durch den Nominativ ersetzt: *Tomek, chodź tutaj!/Tomku, chodź tutaj!* (Tomek, komm her!)
Der Vokativ wird auch bei Grußformeln in Briefen benutzt:
Kochany Tomku! (Lieber Tomek!)
Szanowny Panie! (Sehr geehrter Herr ...)
Die Endungen für die männlichen Substantive lauten *-u* oder *(i)-e*. Hier einige Beispiele. Beachten Sie die Veränderungen:

Janek	→	*Jank**u***	*Stefan*	→	*Stefan**ie***
wujek	→	*wujk**u***	*Michał*	→	*Michal**e***
Krzysiek	→	*Krzyśk**u***	*Krzysztof*	→	*Krzysztof**ie***
Marek	→	*Mark**u***	*Piotr*	→	*Piotr**ze***

Być – Futur

In diesem Dialog begegnen Sie den Futurformen des Verbs *być* (sein). Dieses Verb wird wie folgt konjugiert:

Singular

	być	**sein**
(ja)	*będę*	ich werde sein
(ty)	*będziesz*	du wirst sein
on, ona, ono/pan, pani	*będzie*	er, sie, es wird/Sie werden sein

Plural

(my)	*będziemy*	wir werden sein
(wy)	*będziecie*	ihr werdet sein
oni, one/państwo	*będą*	sie/Sie werden sein

Będzie padać. (Es wird regnen.)

In *Lekcja 7* haben Sie die Futurform der vollendeten Verben gelernt. In dieser Lektion lernen Sie die Futurform der unvollendeten Verben: *Będzie padać.* (Es wird regnen.) Mehr dazu im Grammatikkapitel.

Wetter

Wenn man über das Wetter spricht, sind noch folgende Begriffe nützlich:

- *ładna/brzydka pogoda* (schönes bzw. gutes/schlechtes Wetter). Bemerkung: das Wort *brzydki* heißt „hässlich“, wenn es sich nicht auf das Wetter bezieht.
- *pochmurno* (bewölkt)
- *śnieg* (Schnee) → *pada śnieg* (es schneit)
- *deszcz* (Regen) → *pada deszcz* (es regnet). Bemerkung: Wenn man nur *pada* sagt (wörtlich: „es fällt“), bedeutet das je nach Situation: „es schneit“ oder „es regnet“.
- *wiatr* (Wind) → *wieje wiatr* (es weht ein Wind)
- *mróz* (Frost)
- *mgła* (Nebel)

Teraz Pan/Pani

3|39–40

a.

■ Jaka będzie jutro pogoda?
▶ Jutro będzie ciepło.

1. ciepło
2. pochmurno, a w nocy będzie burza
3. cały dzień słonecznie i gorąco
4. pięknie

b.

■ Czy jutro będzie padać?
▶ Zaraz zobaczę w Internecie.

1. Zaraz zobaczę w Internecie.
2. Tak, ale tylko wieczorem.
3. Tak, ma padać i ma być bardzo zimno.
4. Nie. Jutro będzie piękna pogoda.

DAS POLNISCHE KLIMA

Das polnische Klima unterscheidet sich ein wenig vom deutschen und entsteht einerseits unter Einfluss der kalten und feuchten Luft aus dem Norden und andererseits der trockenen Luft, die vom asiatischen Kontinent kommt.
Der wärmste Monat ist der Juli, aber im Juni gibt es die meisten Sonnenstunden. Das Wetter im Sommer ist im Allgemeinen heiß und trocken und die Temperaturen klettern oft über 30 Grad Celsius. Am wärmsten ist es im Südwesten Polens in der Gegend südlich von Wrocław.
Der kälteste Monat ist der Januar. Im Winter können die Temperaturen im Nordosten sogar unter -30 Grad Celsius fallen.
Eine Besonderheit ist der Föhnwind *halny*, der in den Bergen weht und Kopfschmerzen und Schlafstörungen verursacht. Am stärksten macht er sich in der Tatra bemerkbar.
Eine schöne Zeit, um nach Polen zu fahren, könnte der Herbst sein, der nicht ohne Grund auch „goldener Herbst" genannt wird.

Rozmowa 2 3|41

Antoni ◆ i Zosia ▲ haben nächstes Jahr viel vor. Sie sprechen über ihre Pläne.

◆ Przede wszystkim w styczniu i w lutym będziemy urządzać nasze nowe mieszkanie! A ja od lipca będę chodzić na intensywny kurs języka niemieckiego.	◆ Im Januar und im Februar werden wir vor allem unsere neue Wohnung einrichten! Und ich werde ab Juli einen Intensivkurs für Deutsch besuchen.
▲ Ja postanowiłam, że od przyszłego roku nie będę palić.	▲ Ich habe beschlossen, dass ich ab nächstem Jahr nicht mehr rauchen werde.
◆ Nareszcie!	◆ Endlich!
▲ Poza tym będę regularnie uprawiać sport.	▲ Außerdem werde ich regelmäßig Sport treiben.
◆ No to mam dla ciebie niespodziankę!	◆ Da habe ich eine Überraschung für dich!
▲ Tak, jaką?	▲ Ja, welche?
◆ Będziemy chodzić razem na kurs tańca, już nas zapisałem. Kurs zaczyna się za dwa tygodnie.	◆ Wir werden zusammen einen Tanzkurs besuchen, ich habe uns schon eingeschrieben. Der Kurs beginnt in zwei Wochen.
▲ Świetnie, bardzo się cieszę!	▲ Toll, ich freue mich!

Miesiące (Monate)

Wenn man „im Januar", „im Februar" usw. sagen will, benutzt man die Präposition *w* (in) und danach steht der Monatsname im Lokativ. Nur bei *wrzesień* (September) wird wegen der Aussprache statt *w* → *we* benutzt. Der Präposition *od* (von, seit, ab) folgt der Genitiv: *od lipca* (ab Juli).
Die Monatsnamen lauten im Nominativ, Genitiv und im Lokativ wie folgt:

Nominativ Singular		**Genitiv Singular**		**Lokativ Singular**	
styczeń	Januar	*od stycznia*	ab Januar	*w styczniu*	im Januar
luty	Februar	*od lu**tego***	ab Februar	*w lu**tym***	im Februar
marzec	März	*od marca*	ab März	*w marcu*	im März
kwiecień	April	*od kwietnia*	ab April	*w kwietniu*	im April
maj	Mai	*od maja*	ab Mai	*w maju*	im Mai
czerwiec	Juni	*od czerwca*	ab Juni	*w czerwcu*	im Juni
lipiec	Juli	*od lipca*	ab Juli	*w lipcu*	im Juli
sierpień	August	*od sierpnia*	ab August	*w sierpniu*	im August
wrzesień	September	*od września*	ab September	***we** wrześniu*	im September
październik	Oktober	*od października*	ab Oktober	*w październiku*	im Oktober
listopad	November	*od listopada*	ab November	*w listopadzie*	im November
grudzień	Dezember	*od grudnia*	ab Dezember	*w grudniu*	im Dezember

Bemerkung: *luty* (Februar) ist ein Adjektiv und wird deswegen wie ein Adjektiv dekliniert.

Futur der unvollendeten Verben

In diesem Dialog begegnen wir wieder dem Futur der unvollendeten Verben: *będziemy urządzać* (wir werden einrichten), *będę chodzić na kurs* (ich werde einen Kurs besuchen), *nie będę palić* (ich werde nicht rauchen), *będę uprawia**ła** sport* (ich werde Sport treiben), *będziemy chodzi**li** na kurs* (wir werden einen Kurs besuchen). In den zwei letzten Beispielen kommen Ihnen sicher die Verbformen *uprawiała* und *chodzili* seltsam vor. Hier sieht diese Zeitstufe anders aus als in *Rozmowa 1* und in den ersten drei Beispielen. Was ist anders? Die Erklärung dazu finden Sie im Grammatikkapitel.

Od przyszłego roku (ab nächstem Jahr)

Der Ausdruck *przyszły rok* (nächstes Jahr) steht hier wegen der Präposition *od* (von, ab, seit) im Genitiv.

In zwei Wochen

Die Präposition „in" heißt *za*, wenn es um den zeitlichen Gebrauch geht. *za dwa lata* (in zwei Jahren), *za dwa tygodnie* (in zwei Wochen). Das Wort *tydzień* (Woche) hat eine unregelmäßige Pluralform: *tygodnie* (Wochen).

Kurs niemieckiego (Deutschkurs)

Auch hier haben wir es mit dem Genitiv zu tun. Dem Wort *kurs* (Kurs) folgt nämlich der Genitiv: *kurs niemieckiego* (Deutschkurs), *kurs polskiego* (Polnischkurs), *kurs tańca* (Tanzkurs).

Cieszyć się (sich freuen)

Das Verb *cieszyć się* (sich freuen) wird nach dem Muster *-ę, -ysz* konjugiert. Nützlich sind folgende Ausdrücke:
– *Bardzo się cieszę/cieszymy.* (Ich freue mich/wir freuen uns sehr.)
– *Cieszysz się?* (Freust du dich?)

Teraz Pan/Pani 3|42–43

a.

▶ Mam dla ciebie niespodziankę!
■ Tak, jaką?
▶ Kurs tańca!

1. Kurs tańca!
2. Weekend w Berlinie!
3. Zobacz, zrobiłem kolację!
4. Zapraszam cię do restauracji!
5. Bilety do opery! (für die Oper)

b.

■ Kiedy zaczyna się kurs polskiego?
▶ Za dwa tygodnie.
■ A kiedy będziemy urządzać mieszkanie?
▶ W marcu i w kwietniu.

1. dwa tygodnie/W marcu i w kwietniu.
2. miesiąc/W maju i w czerwcu.
3. dwa miesiące/We wrześniu i w październiku.
4. tydzień/W listopadzie i w grudniu.

Rozmowa 3 (3|44)

Ania ▲ und Daniel ◆ planen ihren Urlaub.

◆ Aniu, kiedy będziesz miała urlop?
▲ Nie wiem, bo od stycznia będę pracować w nowej firmie. Dlaczego pytasz?
◆ Bo chciałbym spędzić z tobą w zimie tydzień w górach.
▲ To niemożliwe. Prawdopodobnie będę mogła wziąć urlop dopiero w lecie.
◆ W takim razie może pojedziemy w lipcu albo w sierpniu nad morze? Co ty na to?
▲ Super!

◆ Ania, wann wirst du Urlaub haben?
▲ Ich weiß es nicht, weil ich ab Januar in einer neuen Firma arbeiten werde. Warum fragst du?
◆ Weil ich im Winter mit dir eine Woche in den Bergen verbringen möchte.
▲ Das geht nicht. Wahrscheinlich kann ich erst im Sommer Urlaub nehmen.
◆ Dann fahren wir vielleicht im Juli oder im August ans Meer? Was sagst du dazu?
▲ Super!

Aniu!

Wir haben es hier wieder mit dem Vokativ Singular zu tun, diesmal handelt es sich um den weiblichen Vornamen *Ania* → *Aniu!* Die Grußformeln in Briefen lauten entsprechend:
- *Kochana Aniu!* (Liebe Ania!)
- *Szanowna Pani!* (Sehr geehrte Frau ...)

Die Endungen für die weiblichen Substantive lauten:
- ***u*** für Kosenamen wie *Bas**i**a*, *Kas**i**a*, *An**i**a* usw.
- ***o*** für alle anderen weiblichen Substantive.

Pory roku (die Jahreszeiten)

Die Jahreszeiten sind:

zima	Winter	*w zimie* – Lokativ/*zimą* – Instrumental	im Winter
wiosna	Frühling	*na wiosnę* – Akkusativ/*wiosną* – Instrumental	im Frühling
lato	Sommer	*w lecie* – Lokativ/*latem* – Instrumental	im Sommer
jesień	Herbst	*w jesieni* – Lokativ/*jesienią* – Instrumental	im Herbst

Wenn man „im Winter/Sommer/Herbst" sagt, kann man entweder den Lokativ oder den Instrumental benutzen. *Na wiosnę* (im Frühling) steht im Akkusativ. Beide Möglichkeiten sind gleichgestellt.

Nad (am, über)

Der Präposition *nad* (am, über) kann entweder der Instrumental *(→ Lekcja 8)* folgen oder auch, wie hier, der Akkusativ. Der Akkusativ wird immer benutzt, wenn man es mit der Frage „wohin?" zu tun hat: *Jadę nad morze.* (Ich fahre ans Meer.)

W nowej firmie (in der neuen Firma)

Es handelt sich hier um den Lokativ Singular.

Z tobą (mit dir)

Das Personalpronomen *ty* (du) steht hier im Instrumental. Siehe Grammatikteil.

Teraz Pan/Pani

3|45–46

a.

▶ Chciałbym pojechać z tobą <u>w zimie w góry</u>.
■ Super! Wspaniale! (hervorragend)

1. w zimie w góry
2. w lecie nad morze
3. jesienią w Bieszczady
4. razem (zusammen) w przyszłym roku na urlop

b.

■ Aniu, kiedy będziesz miała urlop?
▶ <u>Jeszcze nie wiem.</u>

1. Jeszcze nie wiem.
2. A dlaczego pytasz?
3. Chyba wezmę dwa tygodnie w zimie i dwa tygodnie w lecie.
4. Prawdopodobnie dopiero we wrześniu

Gramatyka

Futur der unvollendeten Verben

Das Futur der vollendeten Verben haben Sie schon in *Lekcja 7* gelernt. In dieser Lektion sind Sie in den Dialogen dem Futur der unvollendeten Verben begegnet. Zur Erinnerung: Hier ist die Dauer der Tätigkeit wichtig: *Będę pracować w nowej firmie.* (Ich werde in einer neuen Firma arbeiten.) Wie schon erwähnt, gibt es zwei Varianten dieser Zeitstufe:

1. Futurform des Verbs *być* + Infinitiv: *będę pracować* (ich werde arbeiten)
2. Futurform des Verbs *być* + (immer!) 3. Person – Vergangenheitsform: *będę pracował/-a* (ich werde arbeiten)

Obwohl beide Varianten gleichberechtigt sind, wird die zweite Form häufiger benutzt.

1. Variante

	***być*-Futurform**	**Infinitiv**	
(ja)	*będę*	*pracować*	ich werde arbeiten
(ty)	*będziesz*	*pracować*	du wirst arbeiten
on, ona, ono/ pan, pani	*będzie*	*pracować*	er, sie, es wird/ Sie werden arbeiten
(my)	*będziemy*	*pracować*	wir werden arbeiten
(wy)	*będziecie*	*pracować*	ihr werdet arbeiten
oni, one/państwo	*będą*	*pracować*	sie/Sie werden arbeiten

2. Variante

Singular

	***być*-Futurform**	**Vergangenheit 3. Person**			
		maskulin	feminin	Neutrum	
(ja)	*będę*	*pracował*	*pracowa**ła***		ich werde arbeiten
(ty)	*będziesz*	*pracował*	*pracowa**ła***		du wirst arbeiten
on/pan	*będzie*	*pracował*			er wird/Sie werden arbeiten
ona/pani	*będzie*		*pracowa**ła***		sie wird/Sie werden arbeiten
ono	*będzie*			*pracowa**ło***	es wird arbeiten

Plural

	być-Futurform	Vergangenheit	3. Person	
		Personalform	Sachform	
(my)	*będziemy*	*pracowa**li***	*pracowa**ły***	wir werden arbeiten
(wy)	*będziecie*	*pracowa**li***	*pracowa**ły***	ihr werdet arbeiten
oni/ państwo	*będą*	*pracowa**li***		sie/Sie werden arbeiten
one	*będą*		*pracowa**ły***	sie werden arbeiten

Bemerkung: Das Futur der Verben *chcieć* (wollen), *musieć* (müssen) und *móc* (können/dürfen) wird nur mit der zweiten Variante gebildet: *Jurek będzie musi**ał** pracować.* (Jurek wird arbeiten müssen.)

Ćwiczenia

Ćwiczenia pisemne

1. Ergänzen Sie die Jahreszeiten.

a. W ______________ często pada śnieg.

b. ______________ czasem rano jest mgła.

c. W ______________ jest gorąco.

d. ______________ to najpiękniejsza pora roku.

2. Ergänzen Sie den Text mit Begriffen zum Thema Wetter.

Dzisiaj w Polsce będzie  ____________________. Na Mazurach będzie przed południem bardzo  ____________________, a wieczorem będą  ____________________. W górach też będzie ciepło, ale będzie wiał silny ____________________. Tylko nad morzem rano będzie ____________________ , ale nie będzie ____________________ .

3. Ergänzen Sie die Futurformen von *być*.

a. Gdzie *(ty)* ____________________ w przyszłym roku studiować?

b. Czy wieczorem ____________________ padać?

c. *(Wy)* ____________________ jutro w domu?

d. W lipcu *(ja)* ____________________ miał urlop.

4. Schreiben Sie Grußformeln an die folgenden Personen.

a. Danusia *Kochana Danusiu!*
b. Ania ______________________!
c. Maria ______________________!
d. Marta ______________________!
e. Ciocia ______________________!
f. Mama ______________________!
g. Adam *Kochany Adamie!*
h. Tomek ______________________!
i. Maciek ______________________!
j. Paweł ______________________!
k. Wujek ______________________!
l. Tata ______________________!

5. Setzen Sie die Verben ins Futur. Verwenden Sie beide Varianten.

a. W przyszłym roku *(ja)* ______________ /______________ *(mówić)* bardzo dobrze po polsku.
b. Od maja mój mąż ______________ /______________ *(pracować)* w nowej firmie.
c. Jutro cały dzień *(my)* ______________ /______________ *(zwiedzać)* Kraków.
d. Na urlopie cały czas *(ja)* ______________ /______________ *(leżeć)* na plaży.
e. W niedzielę Majka ______________ /______________ *(spać)* do południa.
f. W sierpniu *(my)* ______________ /______________ *(zbierać)* grzyby.
g. Co oni ______________ /______________ *(robić)* w Warszawie?
h. Gdzie państwo ______________ /______________ *(jeść)* kolację dzisiaj?

6. Ergänzen Sie die Monatsnamen.

a. W całej Polsce wakacje są w ______________ *(lipiec)* i w ______________ *(sierpień)*.
b. Chcielibyśmy pojechać w ______________ *(luty)* w Karkonosze.
c. Kiedy masz imieniny? – W ______________ *(listopad)*.
d. Zawsze jeździmy na urlop we ______________ .

7. Übersetzen Sie ins Polnische.

a. Wir haben eine Überraschung für euch!

____

b. Warum rauchst du so viel?

____

c. Wann wirst du den Führerschein machen?

____

d. Was sagt ihr dazu?

____

e. Wann willst du in den Urlaub fahren, im Januar oder im Juni?

____

f. Schau im Internet nach, ob es morgen ein Gewitter gibt.

____

g. Wann fängt dein Polnischkurs an?

____

h. Ich freue mich, dass ich dich bald sehen werde.

____

i. Ich möchte mit dir den Urlaub verbringen.

____

8. Ergänzen Sie die Präpositionen.

a. ________ przyszłego miesiąca będę chodzić ________ kurs prawa jazdy.
b. ________ tym roku pojedziemy ________ lecie ________ morze.
c. Dzisiaj ________ nocy będzie mróz.
d. ________ dwa tygodnie pojedziemy ________ wycieczkę ________ góry.

9. Was ist das? Raten Sie.

a. wiatr w Tatrach ______________________
b. najkrótszy miesiąc ______________________
c. 12 miesięcy ______________________
d. pada w zimie i jest biały ______________________
e. miesiąc, w którym jest koniec roku ______________________
f. czas, kiedy nie pracujesz ______________________

10. Ergänzen Sie.

polskiej – po polsku – Polskę – Polski – polski – polskiego – Polaków – Polsce – polską

To już ostatnie ćwiczenie. Teraz Pan/Pani na pewno zna lepiej ________________ i ________________. Myślę, że język ________________ się Panu/Pani podoba i Pan/Pani teraz umie mówić już nieźle ________________. Czy chciałby Pan/chciałaby Pani pojechać na urlop do ________________? A może będzie Pan/Pani chodzić w przyszłym roku na kurs ________________ w ________________? A może po prostu lubi Pan/Pani dobrą ________________ kuchnię! W takim razie, kto wie, może do zobaczenia w jakiejś ________________ restauracji!

Ćwiczenia z CD

1. Sie hören jetzt den bekanntesten polnischen Zungenbrecher. Versuchen Sie, ihn nachzusprechen. 3|47
W Szczebrzeszynie chrząszcz brzmi w trzcinie.
(In Szczebrzeszyn brummt ein Käfer im Schilfrohr.)

Übrigens, dieser Zungenbrecher stammt aus einem Gedicht von Jan Brzechwa, einem polnischen Kinderbuchautor, der von 1898 bis 1966 gelebt hat.

2. Was haben Małgorzata und Łukasz am Montag vor? Hören Sie zu und kreuzen Sie die richtigen Aussagen an. 3|48

	TAK	NIE
a. W poniedziałek Małgosia będzie pracować.	☐	☐
b. Pogoda będzie ładna.	☐	☐
c. Łukasz weźmie wolny dzień.	☐	☐
d. Łukasz pojedzie na wycieczkę rowerową.	☐	☐
e. Małgosia chce robić porządek.	☐	☐
f. Małgorzata i Łukasz spędzą ten dzień razem.	☐	☐

3. Diesmal beziehen sich die Fragen, die Sie hören, auf Sie persönlich. Hören Sie zu und antworten Sie. 3|49

4. Hören Sie den folgenden Zweizeiler, ergänzen Sie ihn und lernen Sie ihn auswendig. 3|50
Teraz znasz* już język ______________
Czas pojechać więc** do Polski!

5. Arbeiten Sie nun die weiteren mündlichen Übungen auf der CD durch. 3|51

* znać = kennen
** więc = also

Ważne słówka i zwroty

Wetter

Jutro będzie padać.	Morgen wird es regnen.
Dzisiaj jest ładna/brzydka pogoda.	Heute ist das Wetter schön/schlecht.
Pada (deszcz).	Es regnet.
słońce	Sonne
burza	Gewitter
śnieg	Schnee
deszcz	Regen
wiatr	Wind

Über die Zukunft sprechen

w przyszłym roku	nächstes Jahr
za rok/miesiąc/tydzień	in einem Jahr/einem Monat/einer Woche
za dwa dni	in zwei Tagen
od przyszłego roku	ab nächstem Jahr
Co będziesz robił/-a w przyszłym roku?	Was wirst du nächstes Jahr machen?

Grußformeln in Briefen

Kochany Marku!	Lieber Marek!
Kochana Aniu!	Liebe Ania!
Szanowny Panie!	Sehr geehrter Herr ...,
Szanowna Pani!	Sehr geehrte Frau ...,
Szanowni Państwo!	Sehr geehrte Damen und Herren,

Weitere Wendungen

z tobą	mit dir
Co ty na to?	Was sagst du dazu?/Was hältst du davon?
W sam raz!	Gerade richtig!/Genau!
Niespodzianka!	Überraschung!
Tak się cieszę!	Ich freue mich so!
Chodzę na kurs polskiego/tańca.	Ich besuche einen Polnisch-/Tanzkurs.
Wszystko będzie dobrze.	Alles wird gut.
przede wszystkim	vor allem
Chodź tutaj!	Komm her!
Wspaniale!	Hervorragend!

Die wichtigsten Grammatikbegriffe

Grammatikübersicht

Wiedergabe der CD-Übungen und
Lösungen der schriftlichen Übungen

Alphabetischer Wortschatz
Polnisch – Deutsch

Anhang

Die wichtigsten Grammatikbegriffe

Fachausdruck	Erklärung	Beispiel
Adjektiv	Eigenschaftswort	*dobry, -a, -e* (gut) ***Dobry*** *chleb.* (Ein **gutes** Brot.)
Adverb	Umstandswort	*dobrze* (gut) *Mówię* ***dobrze*** *po polsku.* (Ich spreche **gut** Polnisch.)
Akkusativ	4. Fall	*Piję* ***kawę***. (Ich trinke **Kaffee**.)
Aspekt	Form des Verbs, die Informationen über den Verlauf der Handlung enthält	*Codziennie* ***kupuję*** *chleb.* (Ich kaufe täglich Brot.) *Muszę* ***kupić*** *chleb.* (Ich muss Brot kaufen.)
Auslaut	Wortelement vor der grammatikalischen Endung	*aptek**a*** (Apotheke)
belebt	männliche Hauptwörter, die Lebewesen bezeichnen	*pan* (Herr)
Dativ	3. Fall	*Podoba* ***mi*** *się.* (Es gefällt **mir**.)
Deklination	Beugung der Hauptwörter, Eigenschaftswörter und Fürwörter	*ta piękna dziewczyna, tej pięknej dziewczyny, …* (das schöne Mädchen, des schönen Mädchens, …)
Demonstrativpronomen	hinweisendes Fürwort	*ten* (dieser)
feminin	weiblich	***ta*** *kawa* (dieser Kaffee), *był**am*** (ich war)
Femininum	weibliches Substantiv	*kawa* (Kaffee)
Futur	Zukunftsform	*Ja* ***będę spać***. (Ich **werde schlafen**.)
Genitiv	2. Fall	*firma* ***mojego męża*** (die Firma **meines** Mannes)
Genus	Geschlecht des Hauptworts	*kaw**a*** (Kaffee), *pan* (Herr), *piw**o*** (Bier)
Imperativ	Befehlsform	*daj!* (gib!)
imperfektiv	unvollendeter Aspekt des Verbs	*robić* (machen)
Infinitiv	Grundform des Verbs	*kupić* (kaufen)
Instrumental	5. Fall	*Jadę* ***autobusem***. (Ich fahre **mit dem Bus**.)
Komparativ	erste Steigerungsstufe des Eigenschaftswortes	*lepszy* (besser)
Konjugation	Beugung des Verbs	*jestem, jesteś,…* (ich bin, du bist, …)
Konsonant	Mitlaut	b, c, d, w, ń, ć, ś, …
Lokativ	6. Fall	*Jestem* ***w Polsce***. (Ich bin **in Polen**.)
maskulin	männlich	*ten pan* (dieser Herr), *byłem* (ich war)
Maskulinum	männliches Hauptwort	*pan* (Herr)

Fachausdruck	Erklärung	Beispiel
Modalverb	drückt z. B. eine Möglichkeit aus und wird mit dem Infinitiv gebraucht	***Mogę** to zjeść?* (**Darf** ich das essen?)
neutral	sächlich	*to dziecko* (dieses Kind)
Neutrum	sächliches Hauptwort	*dziecko* (Kind)
Nominativ	1. Fall	*To jest **mój syn**.* (Das ist **mein Sohn**.)
perfektiv	vollendeter Aspekt des Verbs	*zrobić* (machen)
Personalform	Form des Nominativ Plural, die sich auf männliche Personen oder Gruppen mit mindestens einer männlichen Person bezieht	*Polacy* (die Polen), *panowie* (Herren)
Personalpronomen	persönliches Fürwort	*ja* (ich), *my* (wir)
Plural	Mehrzahl	*panowie* (Herren), *panie* (Damen)
Positiv	Grundstufe des Eigenschaftswortes	*dobry* (gut)
Possessivpronomen	besitzanzeigendes Fürwort	*mój* (mein)
Prädikat	Satzaussage	*Ja tu **mieszkam**.* (Ich **wohne** hier.)
Präposition	Verhältniswort	*w* (in), *od* (von, seit, ab)
Präsens	Gegenwart	*Ja pracuję.* (Ich arbeite.)
Pronomen	Fürwort	*ja* (ich), *mój* (mein), *ten* (dieser)
Sachform	Form des Nominativ Plural, die sich auf alle Hauptwörter, ausgenommen männliche Personen, bezieht	*panie* (Damen), *dzieci* (Kinder)
Reflexivpronomen	rückbezügliches Fürwort	*Cieszę **się**.* (Ich freue **mich**.)
Singular	Einzahl	*pan* (Herr), *pani* (Dame)
Subjekt	Satzgegenstand	***Ja** mieszkam tutaj.* (**Ich** wohne hier.)
Substantiv	Hauptwort	*pan* (Herr)
unbelebt	männliche Hauptwörter, die keine Lebewesen bezeichnen	*rower* (Fahrrad)
Superlativ	zweite Steigerungsstufe des Eigenschaftswortes	*najlepszy* (der beste)
Verb	Tätigkeitswort	*kochać* (lieben)
Vokal	Selbstlaut	*a, o, u, ó*
Vokativ	7. Fall	*Kochana **Aniu!*** (Liebe Ania!)

Grammatikübersicht

Hier finden Sie einen Überblick über die in diesem Lehrwerk behandelten Grammatikthemen.
Es geht vor allem darum, die Deklinations- und Konjugationsformen übersichtlich darzustellen.
Die in diesem Kapitel benutzten Abkürzungen bedeuten:

Nom. = Nominativ	Vok. = Vokativ
Gen. = Genitiv	Pl. = Plural
Dat. = Dativ	Sg. = Singular
Akk. = Akkusativ	m = maskulin
Instr. = Instrumental	f = feminin
Lok. = Lokativ	n = neutral

Deklination

Im Polnischen gibt es sieben Fälle:

1. Nominativ	*kto? / co?*	wer? / was?
2. Genitiv	*kogo? / czego?*	wessen?
3. Dativ	*komu? / czemu?*	wem?
4. Akkusativ	*kogo? / co?*	wen? / was?
5. Instrumental	*kim? / czym?*	mit wem? / womit? / wodurch?
6. Lokativ	*o kim? / o czym?*	über wen? / worüber? / worauf? / wovon? / wo?
7. Vokativ	Anredeform	

Der **Nominativ**, der **Dativ** und der **Akkusativ** werden im Polnischen ähnlich wie im Deutschen verwendet.
Der **Genitiv** ist der am häufigsten gebrauchte Fall. Sein Gebrauch umfasst nicht nur Funktionen, die uns aus dem Deutschen bekannt sind, er wird auch in spezifischen Situationen verwendet (siehe *Lekcja 5*).
Der Gebrauch des **Instrumentals** wird in *Lekcja 6* erklärt.
Der **Lokativ** wird hauptsächlich bei Zeit-und Ortsangaben verwendet und kommt nur mit Präpositionen vor, z. B. *w* (in), *na* (auf), *o* (über, um).
Für den **Vokativ** gibt es nur Singularformen. In der Umgangssprache kann er durch den Nominativ ersetzt werden. Im Plural verwendet man stattdessen den Nominativ.

1. Deklination der Substantive

1.1. Nominativ

1.1.1 Nominativ Singular

Beispielwörter: *pan* (Herr), *kawa*, (Kaffee), *pani* (Frau), *piwo* (Bier), *morze* (Meer), *imię*, (Vorname), *muzeum* (Museum).

Endung	Beispiel	Wann?
Konsonant	*pa**n***	fast alle Maskulina und einige Feminina
-a	*kaw**a***	fast alle Feminina und einige Maskulina
-i	*pan**i***	einige Feminina
-o	*piw**o***	fast alle Neutra
-e	*morz**e***	einige Neutra
-ę	*imi**ę***	einige Neutra
-um	*muze**um***	einige Neutra (die Neutra, die auf *-um* enden, bleiben in allen Fällen im Singular unverändert)

1.1.2 Nominativ Plural

Im Plural unterscheidet man zwischen Personalform und Sachform.

Sachform

Beispielwörter: *piwo* (Bier), *bułka* (Brötchen), *noc* (Nacht), *klucz* (Schlüssel), *kawa* (Kaffee), *dom* (Haus).

Endung	Beispiel	Wann?
-(i)a	*piwo → piw**a***	alle Neutra, Ausnahme: *dziecko – dzieci* (Kind – Kinder)
-i	*bułka → bułk**i***	Substantive, die im Stamm auf *-k, -g, -ść* auslauten (außer Neutra)
-e	*noc → noc**e*** *klucz → klucz**e***	Substantive, die z. B. auf *-i, -j, -l, -c, -cz, -dz, -dż, -sz, -rz, -ż* auslauten
-y	*kawa → kaw**y*** *dom → dom**y***	Substantive, die auf die restlichen Konsonanten auslauten, d. h. die Mehrheit der Substantive

Ausnahmen: *rok → lata* (Jahr → Jahre), *dzień → dni* (Tag → Tage), *tydzień → tygodnie* (Woche → Wochen).

Personalform

Beispielwörter: *student* (Student), *dyrektor,* (Direktor), *Polak* (Pole), *kolega* (Kollege), *pan* (Herr), *syn* (Sohn), *lekarz* (Arzt).

Endung	Beispiel	Wann?
-i	*student → studenc**i***	Maskulina, die auf *-ł,- m,- r, -b, -d, -w, -z, -ch/h, -p, -t, -f, -s* enden. Veränderungen: *z → ź, d → dz, t → c, ch → s*
-y	*dyrektor → dyrektorz**y*** *Polak → Polac**y*** *kolega → koledz**y***	Maskulina, die im Stamm auf *-k, -g* oder *-or, -(i)er, -(i)ec* und *-ca* auslauten. Veränderungen: *k → c, g → dz* und *r → rz*
-owie	*pan → pan**owie*** *syn → syn**owie***	Maskulina, die hauptsächlich Titel, Verwandtschaftsgrade oder in einigen Fällen die Nationalität bezeichnen
-(i)e	*lekarz → lekarz**e***	Maskulina, die auf *-ć, -dź, -ń, -ś,-ź,- rz, -ż, -sz, -dż, -cz, -c, -l, -j* enden

Ausnahmen: *człowiek → ludzie* (Mensch → Leute), *brat → bracia* (Bruder→ Brüder).

1.2 Genitiv

1.2.1 Genitiv Singular

Beispielwörter: *piwo* (Bier), *pan* (Herr), *szalik* (Schal), *dom* (Haus), *pani* (Frau), *bułka* (Brötchen), *kawa* (Kaffee)

Endung	Beispiel	Wann?
-a	*piwo → piw**a*** *pan → pan**a*** *szalik → szalik**a*** *Berlin → Berlin**a***	Neutra, belebte Maskulina; einige unbelebte Maskulina, z. B. Kleidungsstücke, Blumen, Südfrüchte, Körperteile, Monatsnamen, Spiele, Tänze, einige Städtenamen
-u	*dom → dom**u***	die Mehrheit der unbelebten Maskulina
-i	*pani → pan**i*** *bułka → bułk**i***	weibliche Substantive, die auf *-k, -g, -ć, -dź, -ń, -l, -i, -ś, -ź* auslauten
-y	*kawa → kaw**y***	alle anderen (d. h. die meisten) Feminina

Bemerkung: Es gibt keine klare Regel, welche unbelebten Maskulina im Genitiv Singular auf ***-a*** oder ***-u*** enden, deshalb werden die Genitivformen im Wortschatz angegeben.

1.2.2 Genitiv Plural

Beispielwörter: *piwo* (Bier), *osoba* (Person), *dzień* (Tag), *pani* (Frau), *noc* (Nacht), *klucz* (Schlüssel), *dom* (Haus).

Endung	Beispiel	Wann?
endungslos	*piwo → piw* *osoba → osób*	Feminina und Neutra, Vokalwechsel möglich
-i	*dzień → dni* *pani → pani*	Maskulina und Feminina, die auf *-ć, -ś,- ź, -dź, -ń,- j, -i* auslauten
-y	*noc → nocy* *klucz → kluczy*	Maskulina und Feminina, die auf *-rz,- ż, -sz, -dz, -dż, - cz, -c* auslauten
-(i)ów	*dom → domów*	restliche Maskulina und Neutra auf *-um*

1.3 Dativ

1.3.1 Dativ Singular

Beispielwörter: *syn* (Sohn), *dziecko* (Kind), *pan* (Herr), *osoba* (Person), *Polska* (Polen), *woda* (Wasser), *pani* (Frau), *babcia* (Großmutter), *noc* (Nacht).

Endung	Beispiel	Wann?
-(i)owi	*syn → synowi*	die Mehrheit der Maskulina
-u	*dziecko → dziecku* *pan → panu*	Neutra (außer Neutra, die auf *-um* enden) und einsilbige Maskulina
-(i)e	*osoba → osobie* *Polska → Polsce* *woda → wodzie*	Feminina, die *auf -b, -p, -f, - w, -m, -t, -d, -s, -z, -n, -r -ł, -k, -g, -ch, -h auslauten*, dabei kommt es zu Veränderungen
-i	*pani → pani* *babcia → babci*	Feminina, die auf *-i, -ś, ć, -ź, -dź, -ń, -l, -j* auslauten
-y	*noc → nocy*	Feminina, die auf *-c, -ż, -dż, -cz, -rz, -dz, -sz* auslauten

1.3.2 Dativ Plural

Beispielwort: *pani* (Frau).

Endung	Beispiel	Wann?
-om	*pani → paniom*	alle Substantive

1.4.1 Akkusativ Singular

Beispielwörter: *syn* (Sohn), *szalik* (Schal*), noc* (Nacht), *osoba* (Person), *pani* (Frau), *dziecko* (Kind), *morze* (Meer).

Endung	Beispiel	Wann?
-a = Gen. Sg.	*syn → syna*	belebte Maskulina, Vokalwechsel oder Wegfallen eines Vokals möglich
– = Nom. Sg.	*szalik → szalik* *noc → noc*	unbelebte Maskulina und Feminina, die auf einen Konsonanten enden
-ę	*osoba → osobę*	Feminina (Ausnahme: *pani – panią*)
-o/-e/-ę/-um = Nom. Sg.	*dziecko → dziecko* *morze → morze*	Neutra

1.4.2 Akkusativ Plural

Sachform

Bei allen Feminina, Neutra und Maskulina, die keine Personen bezeichnen, sind die Akkusativ-Plural-Formen mit den Nominativ-Plural-Formen identisch, d. h. Akk. Pl. = Nom. Pl.

Personalform

Maskulina, die männliche Personen bezeichnen, haben im Akkusativ Plural die gleichen Formen wie im Genitiv Plural, d. h. Akk. Pl. = Gen. Pl.

1.5.1 Instrumental Singular

Beispielwörter: *pan* (Herr), *osoba* (Person).

Endung	Beispiel	Wann?
-(i)em	*pan → pan**em***	Maskulina und Neutra
-(i)ą	*osoba → osob**ą***	Feminina und Maskulina, die auf *-a* auslauten

1.5.2 Instrumental Plural

Beispielwörter: *pan* (Herr), *osoba* (Person).

Endung	Beispiel	Wann?
-ami	*pan → pan**ami***	fast alle Substantive
-mi	*dzieci → dzieć**mi***	nur sehr wenige Substantive

1.6.1 Lokativ Singular

Der Lokativ kommt nur in Verbindung mit Präpositionen vor (→ Punkt 5.4) und wird hauptsächlich bei Zeit- und Ortsangaben verwendet. Im Lokativ Singular gibt es nicht nur sehr viele unterschiedliche Endungen, es kommt auch fast immer zu Veränderungen am Wortstamm. Es werden hier nur die wichtigsten Endungen dargestellt. (Eine vollständige Tabelle aller Lokativ-Singular-Endungen samt Wortstamm-Änderungen finden Sie z. B. im Hueber-Lehrwerk „Witam! Lernerheft" Seite 46.)

Beispielwörter: *pan* (Herr), *osoba* (Person), *miasto* (Stadt).

Endung	Beispiel	Wann?
-(i)u	*pan → pan**u***	Mehrzahl der Maskulina und Neutra
-(i)e	*osoba → osob**ie*** *miasto → mi**eście***	Maskulina, Feminina und Neutra, die hauptsächlich auf *-b, -d, -f, -g, -h, -k, -ł, -m, -n, -p, -r, -s, -t, -w, -z* oder *-a* auslauten
-i	*pani → pan**i***	Feminina, die auf *-i, -j, -ć, -ń, -ś, -dź* enden
-y	*noc → noc**y***	Feminina, die auf *-c, -ż, -dż, -rz, -dz, -sz* enden

1.6.2 Lokativ Plural

Beispielwort: *pan* (Herr).

Endung	Beispiel	Wann?
-(i)ach	*pan → pan**ach***	alle Substantive

1.7.1 Vokativ Singular

Beispielwörter: *pan* (Herr), *osoba* (Person), *pani* (Frau).

Endung	Beispiel	Wann?
-(i)u	*pan → pan**u*** *Basia →Bas**iu***	Maskulina, die auf einen Konsonanten auslauten und im Lok. Sg. die Endung *-(i)u* haben und weibliche Kosenamen, die auf *-la, -sia, -zia, -nia* enden.
-(i)e	*Bogdan → Bogdan**ie***	Maskulina, die auf einen Konsonanten auslauten und im Lok. Sg. die Endung *-(i)e* haben.
-(i)o	*Anna → Ann**o***	Maskulina und Feminina, die auf *-a* enden und Neutra, die im Nom. Sg. die Endung *-o* haben.
-i = Nom. Sg.	*pani → pani*	Feminina, die auf *-i* enden.
= Nom. Sg.	*dziecko → dziecko*	Neutra

1.7.2 Vokativ Plural

Vokativ Plural = Nominativ Plural

Bemerkungen:

- Fremdwörter werden nicht nur auf polnische Weise geschrieben und ausgesprochen, sondern auch dekliniert, z. B. *Nie mam dżinsów.* (Ich habe keine Jeans.)
- Nachnamen werden in der Regel auch dekliniert, was zu Veränderungen führt, die Deutschsprachigen merkwürdig erscheinen können, z. B. *pan Szubert* (Herr Szubert) → *o panu Szuber**cie***, (über Herrn Szubert). Die Nachnamen, die auf *-y/-i/-e* enden, werden wie Adjektive dekliniert: *Kowalsk**i***, *Kowalsk**iego***, *Kowalsk**iemu***, usw. oder: *Goeth**e***, *Goeth**ego***, *Goeth**emu*** usw.

2. Adjektive

Auch die polnischen Adjektive haben drei Genera: maskulin, feminin und neutral. Außerdem unterscheidet man im Singular zwischen maskulinen belebten und unbelebten Formen und im Plural zwischen Personalform und Sachform.
Adjektive, die auf *-k* und *-g* auslauten, werden wie das Adjektiv *polski* (polnisch) dekliniert. Alle anderen Adjektive werden nach dem Muster *dobry* (gut) dekliniert.

Deklination der Adjektive

	Singular maskulin			
	belebt		unbelebt	
Nom.	*dobr**y***	*polsk**i***	*dobr**y***	*polsk**i***
Gen.	*dobr**ego***	*polsk**iego***	*dobr**ego***	*polsk**iego***
Dat.	*dobr**emu***	*polsk**iemu***	*dobr**emu***	*polsk**iemu***
Akk.	*dobr**ego***	*polsk**iego***	*dobr**y***	*polsk**i***
Instr.	*dobr**ym***	*polsk**im***	*dobr**ym***	*polsk**im***
Lok.	*dobr**ym***	*polsk**im***	*dobr**ym***	*polsk**im***
Vok.	*dobr**y***	*polsk**i***	*dobr**y***	*polsk**i***

	feminin		neutral	
Nom.	*dobr**a***	*polsk**a***	*dobr**e***	*polsk**ie***
Gen.	*dobr**ej***	*polsk**iej***	*dobr**ego***	*polsk**iego***
Dat.	*dobr**ej***	*polsk**iej***	*dobr**emu***	*polsk**iemu***
Akk.	*dobr**ą***	*polsk**ą***	*dobr**e***	*polsk**ie***
Instr.	*dobr**ą***	*polsk**ą***	*dobr**ym***	*polsk**im***
Lok.	*dobr**ej***	*polsk**iej***	*dobr**ym***	*polsk**im***
Vok.	*dobr**a***	*polsk**a***	*dobr**e***	*polsk**ie***

Plural

	Personalform		Sachform	
Nom.	*dob**rzy***	*pols**cy***	*dobr**e***	*polsk**ie***
Gen.	*dobr**ych***	*polsk**ich***	*dobr**ych***	*polsk**ich***
Dat.	*dobr**ym***	*polsk**im***	*dobr**ym***	*polsk**im***
Akk.	*dobr**ych***	*polsk**ich***	*dobr**e***	*polsk**ie***
Instr.	*dobr**ymi***	*polsk**imi***	*dobr**ymi***	*polsk**imi***
Lok.	*dobr**ych***	*polsk**ich***	*dobr**ych***	*polsk**ich***
Vok.	*dob**rzy***	*pols**cy***	*dobr**e***	*polsk**ie***

Bei der Bildung der Personalform kommt es zu Veränderungen:

-dy → *-dzi: młody – młodzi* (jung)
-ty → *-ci: czysty – czyści* (sauber)
-ły → *-li: miły – mili* (nett)
-ki → *-cy: polski – polscy* (polnisch)
-y → *-i: nowy – nowi* (neu)
-gi → *-dzy: drogi – drodzy* (teuer)
-chy → *-si: cichy – cisi* (still)
-szy → *-si: lepszy – lepsi* (besser)
-ry → *-rzy: dobry – dobrzy* (gut)

3. Pronomen

Alle Pronomen werden dekliniert, wobei der Vokativ selten gebraucht wird.

3.1 Personalpronomen

In der folgenden Tabelle sind die am häufigsten benutzten Personalpronomen aufgeführt. Es gibt noch zusätzliche Formen.

Singular						**Plural**			
						Personalform			Sachform
Nom.	*ja*	*ty*	*on*	*ona*	*ono*	*my*	*wy*	*oni*	*one*
Gen.	*mnie*	*cię*	*(je)go*	*jej*	*(je)go*	*nas*	*was*	*ich*	*ich*
Dat.	*mi*	*ci*	*mu*	*jej*	*mu*	*nam*	*wam*	*im*	*im*
Akk.	*mnie*	*ciebie*	*(je)go*	*ją*	*je*	*nas*	*was*	*ich*	*je*
Instr.	*mną*	*tobą*	*nim*	*nią*	*nim*	*nami*	*wami*	*nimi*	*nimi*
Lok.	*mnie*	*tobie*	*nim*	*niej*	*nim*	*nas*	*was*	*nich*	*nich*

3.2 Possessivpronomen

	Singular				Plural	
	maskulin		feminin	neutral	Personalform	Sachform
	belebt	unbelebt				
Nom.	*mój*		*moja*	*moje*	*moi*	*moje*
Gen.	*mojego*		*mojej*	*mojego*	*moich*	*moich*
Dat.	*mojemu*		*mojej*	*mojemu*	*moim*	*moim*
Akk.	*mojego*	*mój*	*moją*	*moje*	*moich*	*moje*
Instr.	*moim*		*moją*	*moim*	*moimi*	*moimi*
Lok.	*moim*		*mojej*	*moim*	*moich*	*moich*

Nach diesem Muster werden auch folgende Pronomen dekliniert: *twój* (dein), *nasz* (unser), *wasz* (euer) und auch *który* (welcher) und *jaki* (was für ein).
Die Pronomen *jej* (ihr), *jego* (sein – maskulin und Neutrum), *ich* (ihr – Plural) werden nicht dekliniert, sind also immer gleich.

3.3 Demonstrativpronomen

	Singular				Plural	
	maskulin		feminin	neutral	Personalform	Sachform
	belebt	unbelebt				
Nom.	*ten*		*ta*	*to*	*ci*	*te*
Gen.	*tego*		*tej*	*tego*	*tych*	*tych*
Dat.	*temu*		*tej*	*temu*	*tym*	*tym*
Akk.	*tego*	*ten*	*tę/tą*	*to*	*tych*	*te*
Instr.	*tym*		*tą*	*tym*	*tymi*	*tymi*
Lok.	*tym*		*tej*	*tym*	*tych*	*tych*

4. Verben

Der Infinitiv der meisten Verben endet auf ***-ć***: *robić* (machen), selten auf **-*c***: *móc* (können).

4.1 Präsens (bzw. vollendetes Futur)

Bemerkungen:
- Die Verbform der 3. Person Sg. ist immer endungslos.
- Die Verbform der 1. Person Pl. hat immer die Endung ***-my***.
- Die Verbform der 2. Person Pl. hat immer die Endung ***-cie***.
- Die Verbform der 3. Person Pl. endet auf ***-ą*** oder ***-ją***.

1. Konjugationsmuster
Die Endungen der Verben lauten:
- für die 1. Person Singular ***-am***
- für die 2. Person Singular ***-asz***

	mieszkać	**wohnen**
(ja)	*mieszk**am***	ich wohne
(ty)	*mieszk**asz***	du wohnst
on, ona, ono/pan, pani	*mieszka*	er, sie, es wohnt/Sie wohnen
(my)	*mieszka**my***	wir wohnen
(wy)	*mieszka**cie***	ihr wohnt
oni, one/państwo	*mieszka**ją***	sie wohnen/Sie wohnen

2. Konjugationsmuster
Die Endungen der Verben lauten:
- für die 1. Person Singular ***-em***
- für die 2. Person Singular ***-esz***

	rozumieć	**verstehen**
(ja)	*rozumi**em***	ich verstehe
(ty)	*rozumi**esz***	du verstehst
on, ona, ono/pan, pani	*rozumie*	er, sie, es versteht/Sie verstehen
(my)	*rozumie**my***	wir verstehen
(wy)	*rozumie**cie***	ihr versteht
oni, one/państwo	*rozumie**ją***	sie verstehen/Sie verstehen

3. Konjugationsmuster
Die Endungen der Verben lauten:
- für die 1. Person Singular ***-ę***
- für die 2. Person Singular ***-esz***

	pić	**trinken**
(ja)	*pij**ę***	ich trinke
(ty)	*pij**esz***	du trinkst
on, ona, ono/pan, pani	*pije*	er, sie, es trinkt/Sie trinken
(my)	*pije**my***	wir trinken
(wy)	*pije**cie***	ihr trinkt
oni, one/państwo	*pi**ją***	sie trinken/Sie trinken

Bei einsilbigen Verben, die im Infinitiv auf *-ić*, *-uć*, *-yć* enden, wird ein ***j*** eingeschoben, z. B. bei: *pić* (trinken), *żyć* (leben), *czuć* (fühlen).

Nach diesem Muster werden auch Verben wie *stud**iować*** (studieren), *prac**ować*** (arbeiten), *inter**esować się*** (sich interessieren) usw. konjugiert. Hier kommt es zu folgender Änderung: *-owa* → *-uj*.

	pracować	**arbeiten**
(ja)	*pracu**ję***	ich arbeite
(ty)	*pracuje**sz***	du arbeitest
on, ona, ono/pan, pani	*pracuje*	er, sie, es arbeitet/Sie arbeiten
(my)	*pracuje**my***	wir arbeiten
(wy)	*pracuje**cie***	ihr arbeitet
oni, one/państwo	*pracu**ją***	sie arbeiten/Sie arbeiten

4. Konjugationsmuster
Die Endungen der Verben lauten:
- für die 1. Person Singular -***ę***
- für die 2. Person Singular -***isz*** oder selten ***-ysz*** (z. B. *cieszyć się* „sich freuen")

	mówić	**sprechen**
(ja)	*mówi**ę***	ich spreche
(ty)	*mów**isz***	du sprichst
on, ona, ono/pan, pani	*mówi*	er, sie, es spricht/Sie sprechen
(my)	*mówi**my***	wir sprechen
(wy)	*mówi**cie***	ihr sprecht
oni, one/państwo	*mówi**ą***	sie sprechen/Sie sprechen

Wichtige Verben, die Unregelmäßigkeiten aufweisen:
brać (nehmen), *chcieć* (wollen), *dać* (geben), *iść* (gehen), *jechać* (fahren), *jeść* (essen).

	brać	***chcieć***	***dać***	***iść***	***jechać***	***jeść***
(ja)	*biorę*	*chcę*	*dam*	*idę*	*jadę*	*jem*
(ty)	*bierzesz*	*chcesz*	*dasz*	*idziesz*	*jedziesz*	*jesz*
on, ona, ono/pan, pani	*bierze*	*chce*	*da*	*idzie*	*jedzie*	*je*
(my)	*bierzemy*	*chcemy*	*damy*	*idziemy*	*jedziemy*	*jemy*
(wy)	*bierzecie*	*chcecie*	*dacie*	*idziecie*	*jedziecie*	*jecie*
oni, one/państwo	*biorą*	*chcą*	*dadzą*	*idą*	*jadą*	*jedzą*

Falls Sie nicht sicher sind, wie ein Verb konjugiert wird, schauen Sie im Wortschatz am Ende des Buches nach. Dort finden Sie neben dem Infinitiv des Verbs die Endungen der 1. und 2. Person Singular.
Bei unregelmäßigen Verben wird die vollständige Form der 1. und 2. Person Sg. aufgeführt

4.2 Präteritum

Die Bildung der Vergangenheit ist in *Lekcja 8* vorgestellt worden. Hier werden nur die wichtigsten Verben, die Unregelmäßigkeiten aufweisen, aufgeführt:
iść (gehen), *jeść* (essen), *móc* (können), *wziąć* (nehmen).

Singular

	iść			*jeść*		
	maskulin	feminin	neutral	maskulin	feminin	neutral
(ja)	*szedłem*	*szłam*		*jadłem*	*jadłam*	
(ty)	*szedłeś*	*szłaś*		*jadłeś*	*jadłaś*	
on/pan	*szedł*			*jadł*		
ona/pani		*szła*			*jadła*	
ono			*szło*			*jadło*

Plural

	Personalform	Sachform	Personalform	Sachform
(my)	*szliśmy*	*szłyśmy*	*jedliśmy*	*jadłyśmy*
(wy)	*szliście*	*szłyście*	*jedliście*	*jadłyście*
oni/państwo	*szli*		*jedli*	
one		*szły*		*jadły*

Singular

	móc			*wziąć*		
	maskulin	feminin	neutral	maskulin	feminin	neutral
(ja)	*mogłem*	*mogłam*		*wziąłem*	*wzięłam*	
(ty)	*mogłeś*	*mogłaś*		*wziąłeś*	*wzięłaś*	
on/pan	*mógł*			*wziął*		
ona/pani		*mogła*			*wzięła*	
ono			*mogło*			*wzięło*

Plural

	Personalform	Sachform	Personalform	Sachform
(my)	*mogliśmy*	*mogłyśmy*	*wzięliśmy*	*wzięłyśmy*
(wy)	*mogliście*	*mogłyście*	*wzięliście*	*wzięłyście*
oni/państwo	*mogli*		*wzięli*	
one		*mogły*		*wzięły*

4.3 Futur

Futur der vollendeten Verben → *Lekcja 7.*
Futur der unvollendeten Verben → *Lekcja 10.*

4.4 Wichtige unvollendete und vollendete Verben

unvollendet	vollendet	
brać	*wziąć*	nehmen
budować	*zbudować*	bauen
dawać	*dać*	geben
dzwonić	*zadzwonić*	läuten, anrufen
iść	*pójść*	gehen
jechać	*pojechać*	fahren
jeść	*zjeść*	essen, aufessen
kłaść	*położyć*	legen, hinlegen
kupować	*kupić*	kaufen
mówić	*powiedzieć*	sprechen, sagen
parkować	*zaparkować*	parken
pić	*napić się*	trinken
pisać	*napisać, przepisać*	schreiben, verschreiben
płacić	*zapłacić*	zahlen, bezahlen
pomagać	*pomóc*	helfen
prosić	*poprosić*	bitten
pytać	*zapytać, spytać*	fragen
robić	*zrobić*	machen
słuchać	*posłuchać*	hören
spędzać	*spędzić*	verbringen
szukać	*poszukać*	suchen
widzieć	*zobaczyć*	sehen, anschauen
wypoczywać	*wypocząć*	sich erholen
załatwiać	*załatwić*	erledigen
zapraszać	*zaprosić*	einladen
zwiedzać	*zwiedzić*	besichtigen

5. Präpositionen

Nach Präpositionen steht das Substantiv oder Pronomen im entsprechenden Fall.

5.1 Präpositionen mit dem Genitiv

bez	ohne	*bez cukru*	ohne Zucker
dla	für	*dla ciebie*	für dich
do	nach	*do Polski*	nach Polen
	in	*do kina*	ins Kino
	zu	*do Ewy*	zu Ewa
	bis	*do wtorku*	bis Dienstag
od	von	*Dostałem to od Ewy.*	Ich habe das von Ewa bekommen.
	seit	*od wtorku*	seit Dienstag
	ab	*od jutra*	ab morgen
u	bei	*u lekarza*	beim Arzt
z	aus	*z Niemiec*	aus Deutschland

5.2 Präpositionen mit dem Akkusativ

o	um	*On prosi o rachunek.*	Er bittet um die Rechnung.
na	zu	*Idziesz na mecz?*	Gehst du zum Fußballspiel?
	auf	*Idziemy na lody.*	Wir gehen Eis essen.
	in	*Ona jedzie na urlop.*	Sie fährt in den Urlaub.
	für	*Jadę na dwa lata do Polski.*	Ich fahre für zwei Jahre nach Polen.
nad	an	*Jedziemy nad morze.*	Wir fahren ans Meer.
w, we	an	*w czwartek, we wtorek*	am Donnerstag, am Dienstag

5.3 Präpositionen mit dem Instrumental

nad	an	*nad morzem*	am Meer
	über	*nad stołem*	über dem Tisch
przed	vor	*przed hotelem*	vor dem Hotel
z, ze	mit	*kawa z cukrem*	Kaffee mit Zucker
za	hinter	*za hotelem*	hinter dem Hotel

5.4 Präpositionen mit dem Lokativ

na	auf	*na ulicy*	auf der Straße
o	um	*O której godzinie?*	Um wie viel Uhr?
	über	*Rozmawiamy o Polsce.*	Wir sprechen über Polen.
po	nach	*po czwartej godzinie*	nach vier Uhr
	auf	*po polsku*	auf Polnisch
przy	bei	*przy obiedzie*	beim Mittagessen
	an	*przy stole*	am Tisch
w, we	in	*w Polsce*	in Polen

6. Die Grundzahlen (ab 200)

200	*dwieście*
222	*dwieście dwadzieścia dwa*
300	*trzysta*
400	*czterysta*
500	*pięćset*
600	*sześćset*
700	*siedemset*
800	*osiemset*
900	*dziewięćset*
1000	*tysiąc*
2000	*dwa tysiące*
5000	*pięć tysięcy*
1 000 000	*milion*
2 000 000	*dwa miliony*
5 000 000	*pięć milionów*

Anhang

Wiedergabe der CD-Übungen und Lösungen der schriftlichen Übungen

Lekcja 1: Dzień dobry!

Rozmowa 1
Teraz Pan/Pani

a 1|4

1. ▶ Cześć Ania!
   ■ Cześć!

2. ▶ Cześć Majka!
   ■ Witam!

3. ▶ Cześć Ola!
   ■ Dzień dobry!

4. ▶ Cześć Hanka!
   ■ Dobry wieczór!

b. 1|5

1. ■ Witam, dzień dobry!
   ▶ Witam!

2. ■ Witam!
   ▶ Dzień dobry!

3. ■ Dobry wieczór!
   ▶ Cześć Klaudia!

Rozmowa 2
Teraz Pan/Pani

a. 1|7

1. ■ Co słychać?
   ▶ Wszystko dobrze, dziękuję.

2. ■ Cześć, co słychać?
   ▶ Dziękuję, dobrze.

3. ■ Witam, co słychać?
   ▶ Cześć, nic nowego.

b. 1|8

1. ■ Kto to jest?
   ▶ Mój chłopak Andrzej.
   ■ Miło mi.

2. ■ Kto to jest?
   ▶ To jest moja dziewczyna.
   ■ Bardzo mi miło.

3. ■ Kto to jest?
   ▶ Moja koleżanka Ania.
   ■ Cześć, jestem Andrzej.

4. ■ Kto to jest?
   ▶ Mój kolega Piotr.
   ■ Witam, nazywam się Michał.

c. 1|9

1. ■ Do widzenia!
   ▶ Cześć, miłego weekendu!

2. ■ Do zobaczenia!
   ▶ Na razie, cześć!

3. ■ Cześć, do widzenia!
   ▶ Do widzenia, miłego dnia!

4. ■ Do widzenia!
   ▶ Do zobaczenia, do jutra!

5. ■ Dobranoc!
   ▶ Miłego wieczoru, cześć!

Rozmowa 3
Teraz Pan/Pani

a. 1|11

1. ■ Witam! Jestem Jan Nowak.
   ▶ Bardzo mi miło, Zofia Król.

2. ■ Dzień dobry, jestem Anna Kowalska.
   ▶ Miło mi, Tomasz Duda.

b. 1|12

1. ■ Dobry wieczór! To pani Alicja Wieczorek.
   ▶ Przepraszam, jak się pani nazywa?

2. ■ Dzień dobry, to jest pan Andrzej Król.
   ▶ Przepraszam, kto to jest?

c. 1|13

1. ■ Kto to jest?
   ▶ Nasz dyrektor.

2. ■ Kto to jest?
   ▶ Pani Mazur.

3. ■ Kto to jest?
   ▶ Pan Kowalski.

Ćwiczenia
Ćwiczenia pisemne

1.
hotel *m*, dzień *m*, biuro *n*, autobus *m*, Polska *f*, chłopak *m*, dziewczyna *f*, pani *f*, Kraków *m*, chleb *m*, ulica *f*, kawa *f*, miasto *n*, Monachium *n*, wieczór *m*, banan *m*, telefon *m*, centrum *n*, koleżanka *f*, dyrektor *m*, pan *m*, cytryna *f*, Warszawa *f*, morze *n*, Wrocław *m*, Szczecin *m*

2.
a. nazywam
b. jestem
c. nazywasz
d. nazywają
e. jest
f. jest
g. jest

3.
Von oben: Sopot, Szczecin, Warszawa, Wrocław, Katowice, Kraków

4.
a. dziękuję
b. koleżanka
c. Do widzenia!
d. dziewczyna
e. pani
f. nie

5.
a. 5.
b. 6.
c. 1.
d. 4.
e. 3.
f. 2.

6.
a. on
b. my
c. oni
d. ona
e. oni
f. one
g. oni
h. on

7.
a. moja, twoja, jego, jej kawa
mój, twój, jej, chłopak
moje twoje, jego, jej biuro
mój, twój, jego, jej telefon
moje, twoje, jego, jej auto
moja, twoja, jego, dziewczyna

b. nasz, wasz, ich dyrektor
nasz, wasz, ich autobus
nasz, wasz, ich hotel
nasz, wasz, ich kolega
nasza, wasza, ich koleżanka
nasze, wasze, ich biuro

8.
a. Kto to jest?
b. Co to jest?
c. Jak ona się nazywa?
d. Skąd jest Claudia?

9.
a. i
b. a
c. a
d. a
e. i

Ćwiczenia z CD

1. 1|14
a. **Ber**lin – War**sza**wa – Kato**wi**ce – Mo**na**chium – Norym**ber**ga – **Wie**deń – **Kra**ków
b. **ba**nan – te**le**fon – **ho**tel – **biu**ro – **pro**gram – au**to**bus – restau**ra**cja – prze**pra**szam – dzie**wczy**na – na**zy**wam się – do**bra**noc – **chło**pak – ko**le**ga – dzię**ku**ję – u**li**ca – **pro**szę
c. Bar**ba**ra – **An**drzej – A**li**cja – **Zo**fia – **A**nia – Mi**ko**łaj – Na**ta**lia – Ma**te**usz – I**re**na

2. 1|15
a. To jest Michael. Michael jest z Niemiec.
b. To jest pani Bauer. Pani Bauer jest z Berlina.
c. To jest moja dziewczyna, Claudia. Claudia jest z Monachium.
d. To jest pan Mayer. Pan Mayer jest z Salzburga.

3. 1|16
a. To jest Warszawa?
b. To jest nasz hotel?
c. On nazywa się Patryk?
d. Gudrun jest z Niemiec?
e. To jest jej koleżanka?
f. Jego dziewczyna jest z Salzburga?

4. 1|17
Moja koleżanka **nazywa się** Paulina, **a** jej chłopak nazywa się Andrzej. Andrzej **jest** z Wrocławia. **Jego** kolega jest z Katowic i nazywa się Piotr. A jak **ty** się nazywasz i **skąd** jesteś?

5. Lösungswort: **Proszę** 1|18

6. 1|19
a. ● To jest mój telefon.
■ auto
▶ To jest moje auto.

● To jest nasz dyrektor.
■ biuro
▶ To jest nasze biuro.

● To jest jego chleb.
■ banan
▶ To jest jego banan.

● To jest ich autobus.
■ program
▶ To jest ich program.

● To jest twój kolega?
■ dziewczyna
▶ To jest twoja dziewczyna?

● To jest wasza mama?
■ kolega
▶ To jest wasz kolega?

● To jest jej kawa.
■ cytryna
▶ To jest jej cytryna.

b. ● To jest moja mama.
■ Michał i Ania
▶ To jest ich mama.

● To jest moje miasto.
■ moja mama i ja
▶ To jest nasze miasto.

● To jest mój chłopak.
■ Klaudia
▶ To jest jej chłopak.

● To jest nasza koleżanka.
■ Jurek
▶ To jest jego koleżanka.

c. ● Ja jestem z Niemiec.
■ ty
▶ Ty jesteś z Niemiec.

● Wy jesteście z Polski?
■ oni
▶ Oni są z Polski?

● Irena jest z Krakowa.
■ Ania i Andrzej
▶ Ania i Andrzej są z Krakowa.

● Pani Barbara jest z Warszawy.
■ Pan Mateusz
▶ Pan Mateusz jest z Warszawy.

Lekcja 2: Przepraszam, gdzie jest ...?

Rozmowa 1
Teraz Pan/Pani

a. 1|23
1. ▶ Przepraszam, gdzie jest metro?
■ Tam, prosto, to niedaleko.
▶ Rozumiem, tam prosto.

2. ▶ Przepraszam, gdzie jest Muzeum Narodowe?
■ Tam, proszę iść prosto, a potem w prawo.
▶ Prosto i w prawo, dziękuję.

3. ▶ Przepraszam, gdzie jest centrum handlowe?
■ Centrum handlowe jest tam.
▶ Dziękuję, do widzenia.

4. ▶ Przepraszam, gdzie jest Stare Miasto?
■ O, to daleko. Proszę iść cały czas prosto.
▶ Bardzo dziękuję.

b. 1|24

1. ▶ Czy tu niedaleko jest parking?
■ Tak, tam po lewej stronie.
▶ Dziękuję bardzo.

2. ▶ Czy tu niedaleko jest policja?
■ Tak, tam po prawej stronie.
▶ Dziękuję bardzo.

3. ▶ Czy tu niedaleko jest apteka?
■ Apteka jest tu, po lewej stronie.
▶ Dziękuję bardzo.

4. ▶ Czy tu niedaleko jest bank?
■ Tak, tam.
▶ Dziękuję bardzo.

Rozmowa 2
Teraz Pan /Pani

a. 1|26

1. ▶ Przepraszam, gdzie jest hotel „Wawel"?
■ Nie wiem.
▶ A ulica Długa? Gdzie jest ulica Długa?
■ Tam niedaleko, druga ulica w prawo.

2. ▶ Przepraszam, gdzie jest hotel „Europejski"?
■ Hotel „Europejski"? Nie wiem.
▶ A aleja Słowackiego? Gdzie jest aleja Słowackiego?
■ To druga ulica w lewo.

3. ▶ Przepraszam, gdzie jest hotel „Francuski"?
■ Nie wiem.
▶ A ulica Floriańska? Gdzie jest ulica Floriańska?
■ Niestety nie wiem.

4. ▶ Przepraszam, gdzie jest hotel „Panorama"?
■ W centrum, to daleko.
▶ A ulica Chopina? Gdzie jest ulica Chopina?
■ Ulica Chopina, jest tu niedaleko, to pierwsza ulica w lewo.

b. 1|27

1. ▶ Przepraszam, czy pan wie, gdzie jest Informacja Turystyczna?
■ Nie.
▶ Szkoda.

2. ▶ Przepraszam, czy pan wie, gdzie jest Plac Zamkowy?
■ Niestety nie wiem.
▶ Szkoda.

3. ▶ Przepraszam, czy pan wie, gdzie jest Mały Rynek?
■ Nie, niestety nie.
▶ Szkoda.

4. ▶ Przepraszam, czy pan wie, gdzie jest Plac Mariacki?
■ Nie wiem.
▶ Szkoda.

Rozmowa 3
Teraz Pan/Pani

a. 1|29

1. ▶ Dzień dobry, do centrum, proszę.
■ Proszę bardzo. Czy to jest pani bagaż?
▶ Tak, to jest mój bagaż.

2. ▶ Dzień dobry, do hotelu „Panorama", proszę.
■ Proszę bardzo. To jest pani bagaż?
▶ Tak, to jest moja walizka.

3. ▶ Dzień dobry, do hotelu „Ambasador", proszę.
■ Oczywiście. To pani torba?
▶ Tak, to jest moja torba.

4. ▶ Dzień dobry, do hotelu „Polonia", proszę.
■ Proszę bardzo. Czy to jest pani plecak?
▶ Tak, to jest mój plecak.

b. 1|30

1. ▶ Przepraszam, mówi pani po polsku?
   ■ Tak, oczywiście.

2. ▶ Przepraszam, mówi pani po niemiecku?
   ■ Tak, trochę.

3. ▶ Przepraszam, mówi pani po angielsku?
   ■ Nie, niestety nie.

Ćwiczenia
Ćwiczenia pisemne

1.

a. Nie
b. Nie
c. Tak
d. Tak
e. nie
f. Tak
g. Nie

2.

a. dobry
b. neutralny
c. stare
d. polskie
e. ładna
f. miłe
g. mały
h. niemiecki
i. handlowe
j. długa
k. pierwsze
l. droga

3.

a. To nie jest nasza walizka.
b. Ja nie jestem z Polski.
c. Nie mówię dobrze po polsku.
d. Ta torba nie jest moja.
e. To nie są nasze pieniądze.
f. Ja nie nazywam się Bartosz Krawczyk.

4.

a. Ta
b. To
c. Te
d. Ta
e. Ten
f. To

5.

a. źle
b. w prawo
c. tam
d. on
e. po lewej stronie
f. dzień
g. daleko
h. nic

6.

a. wiesz
b. Możemy
c. wie
d. Możesz
e. wie
f. wiem

7.

a. pierwsza ulica, pierwszy wieczór, pierwszy tydzień, pierwsza minuta, pierwsze dziecko

b. drugi raz, drugi dzień, druga rozmowa, drugi autobus, drugie piwo

Ćwiczenia z CD

2. 1|32
9, 3, 6, 10, 5, 7, 4

3. Hörtext 1|33
b. Dwa plus osiem jest dziesięć.
c. Dziesięć minus trzy jest siedem.
d. Trzy minus trzy jest zero.
e. Sześć plus trzy jest dziewięć.
f. Cztery minus dwa jest dwa.
g. Dziewięć minus cztery jest pięć.

4. Hörtext 1|34

a. ■ Przepraszam, czy pani wie, gdzie jest parking?
   ● Parking jest **tam, po prawej stronie**.
   ■ A centrum handlowe, gdzie jest centrum handlowe?
   ● O, to **bardzo daleko.**

b. ■ Przepraszam, gdzie jest metro?
   ● Proszę iść **cały czas prosto i potem w prawo.**

c. ■ Wiesz, gdzie jest apteka?
   ● Tak, apteka jest tam.
   ■ Czy to daleko?
   ● Nie, **niedaleko, może 5 minut**.

d. ■ Przepraszam, czy państwo wiedzą, gdzie jest ulica Długa?
   ● Tak, ulica Długa to **druga ulica w lewo**.

5. Lösungswort: **Prosto** 1|35

6. 1|36

a.
- ● Moja koleżanka jest miła.
- ■ mój kolega
- ▶ Mój kolega jest miły.

- ● Nasz hotel jest ładny.
- ■ nasze biuro
- ▶ Nasze biuro jest ładne.

- ● Moja kawa jest dobra.
- ■ mój chleb
- ▶ Mój chleb jest dobry.

- ● Twoja torba jest mała.
- ■ twój plecak
- ▶ Twój plecak jest mały.

b.
- ● Ten wieczór jest długi.
- ■ noc
- ▶ Ta noc jest długa.

- ● To miasto jest stare.
- ■ program
- ▶ Ten program jest stary.

- ● Ten bank jest polski.
- ■ pieniądze
- ▶ Te pieniądze są polskie.

- ● Ta kawa jest dobra.
- ■ piwo
- ▶ To piwo jest dobre.

Lekcja 3: W hotelu

Rozmowa 1
Teraz Pan/Pani

a. 1|40

1.
- ■ Witam, w czym mogę pomóc?
- ▶ Dzień dobry, poproszę pokój jednoosobowy.
- ■ Proszę bardzo.

2.
- ■ Dzień dobry, w czym mogę pomóc?
- ▶ Dzień dobry, poproszę pokój jednoosobowy z łazienką.
- ■ Proszę bardzo.

3.
- ■ W czym mogę pomóc?
- ▶ Dzień dobry, poproszę pokój dwuosobowy ze śniadaniem.
- ■ Proszę bardzo.

b. 1|41

1.
- ▶ Gdzie mogę zaparkować auto?
- ■ Przed albo za hotelem, obojętnie.

2.
- ▶ Gdzie jest parking?
- ■ Przed hotelem.

3.
- ▶ Gdzie można zaparkować?
- ■ Przed albo za hotelem.

4.
- ▶ Gdzie jest parking strzeżony?
- ■ Za hotelem.

Rozmowa 2
Teraz Pan/Pani 1|44

1.
- ■ Hotel „Mazury“, Agnieszka Kowalczyk, słucham?
- ▶ Czy można zarezerwować pokój?
- ■ Oczywiście. Na kiedy?
- ▶ Na jutro.

2.
- ■ Hotel „Europejski“, Jacek Jabłoński, słucham?
- ▶ Czy można zarezerwować pokój?
- ■ Proszę bardzo. Na kiedy?
- ▶ Na weekend.

3.
- ■ Hotel „Polonia“, Beata Solecka, w czym mogę pomóc?
- ▶ Czy można zarezerwować pokój?
- ■ Oczywiście. Na kiedy?
- ▶ Na piątek. Tylko jeden nocleg.

Rozmowa 3
Teraz Pan/Pani

a. 1|46

1. ▶ Przepraszam, mam problem.
   ■ O co chodzi?
   ▶ Mój pokój jest brudny.

2. ▶ Przepraszam, mam problem.
   ■ O co chodzi?
   ▶ Łazienka jest brudna.

3. ▶ Przepraszam, mam problem.
   ■ O co chodzi?
   ▶ Lampa jest zepsuta.

b. 1|47

1. ▶ Dzień dobry, mamy problem.
   ■ O co chodzi?
   ▶ Toaleta nie działa i nie ma ręcznika.

2. ▶ Dzień dobry, mamy problem.
   ■ O co chodzi?
   ▶ Prysznic nie działa i nie ma wody.

3. ▶ Dzień dobry, mamy problem.
   ■ O co chodzi?
   ▶ Ogrzewanie nie działa i nie ma papieru toaletowego.

4. ▶ Dzień dobry, mamy problem.
   ■ O co chodzi?
   ▶ Telewizor nie działa i nie ma mydła.

Ćwiczenia
Ćwiczenia pisemne

1.

a. jaki
b. jaki
c. jaka
d. jakie
e. jaki
f. jaka
g. jaki
h. jaka
i. jaki

2.

a. masz
b. płacę
c. mamy
d. płaci
e. mam
f. płacić
g. masz
h. płaci

3.

a. 4.
b. 2.
c. 1.
d. 5.
e. 3.
f. 6.

4.

Nasz hotel **nazywa się** „Stary Zamek". **Mamy** pokój dwuosobowy z łazienką. Niestety w łazience często nie **ma** wody. Lampa **jest** zepsuta, a telefon nie **działa**. Doba w hotelu „Stary Zamek" **kosztuje** tylko 52 złote.

5.

a. za
b. W
c. Przed
d. po
e. z

6.

b. muzeum
c. komórka
d. ogrzewanie
e. kiedy
f. nazwisko
g. śniadanie

7.

płacić kartą, zarezerwować pokój, zaparkować auto, odebrać paszport

8.

a. Nie mówię po polsku.
b. Gdzie jest moja komórka?
c. Proszę mi pomóc.
d. Nie wiem, gdzie jest moja walizka.
e. Ile kosztuje śniadanie?
f. (Czy) ma pan wolny pokój?
g. To nie jest mój paszport.
h. Gdzie mogę zaparkować?
g. Przepraszam, nie rozumiem.
i. Możesz to załatwić?
j. To jest mój dowód osobisty.

Ćwiczenia z CD

2. Hörtext 1|49
trzynaście – sto osiem – jedenaście – dziewięćdziesiąt – czterdzieści siedem – szesnaście – dwadzieścia

3. Hörtext 1|50
b. Ile jest dwadzieścia plus dwanaście?
20 + 12 jest 32
c. Ile jest osiemdziesiąt minus trzydzieści?
80 – 30 jest 50
d. Ile jest siedemdziesiąt minus sześćdziesiąt?
70 – 60 jest 10
e. Ile jest cztery razy dwadzieścia pięć?
4 x 25 jest 100

4. Hörtext 1|51
● Hotel **„Kraków“**, słucham?
■ Dobry wieczór! Proszę pani, czy hotel „Kraków“ jest w centrum i czy ma garaż?
● Tak, nasz hotel **jest w centrum**. **Garażu** niestety **nie ma**, ale **przed hotelem jest parking strzeżony.**
■ Ile kosztuje pokój dwuosobowy?
● Pokój dwuosobowy kosztuje **170 złotych** ze śniadaniem.
■ A czy w hotelu jest **restauracja**?
● **Tak**, oczywiście.

5. Hörtext 1|52
■ Przepraszam, mam problem.
● Tak? O co chodzi?
■ Mój **pokój jest brudny** i **telewizor nie działa**.
● Bardzo mi przykro. Jaki pani ma numer pokoju?
■ Sto jeden. Aha, **ogrzewanie też nie działa** i **prysznic jest zepsuty**.
● Zaraz to załatwię.

6. Hörtext 2|1
To jest **ulica Długa**. **Po lewej stronie** jest Hotel **„Bursztyn“**. Pani Zofia Kaczmarek jest w hotelu „Bursztyn“ i ma pokój numer **sto dwadzieścia dwa**. To jest **pokój dwuosobowy** i kosztuje **150** złotych. Niestety pani Zofia **nie wie,** gdzie ma zaparkować auto.

a. NIE
b. TAK
c. NIE
d. TAK
e. NIE
f. NIE
g. NIE

7. Lösungswort: **kolacja** 2|2

8. 2|3
● Mamy ładny pokój.
■ ja
▶ Ja mam ładny pokój.

● Mateusz ma plecak.
■ Zofia
▶ Zofia ma plecak.

● Pani Anna ma dziecko.
■ oni
▶ Oni mają dziecko.

● Kiedy masz wolny dzień?
■ wy
▶ Kiedy macie wolny dzień?

Lekcja 4:
Smacznego!

Rozmowa 1
Teraz Pan/Pani

a. 2|5
1. ■ Co państwo piją na śniadanie?
▶ Dwa razy kawę z mlekiem, proszę.

2. ■ Co pan pije na śniadanie?
▶ Herbatę z cytryną.

3. ■ Co pani pije na śniadanie?
▶ Herbatę z mlekiem.

b. 2|6
1. ■ Może podać jajecznicę albo kiełbaski?
▶ Proszę jajecznicę.

2. ■ Może podać jajecznicę albo jajko na miękko?
▶ Poproszę jajko na miękko.

3. ■ Może podać jajecznicę albo jajko na miękko?
▶ Nie, dziękuję.

4. ■ Może podać gorące kiełbaski?
▶ Chętnie, poproszę dwie parówki.

Rozmowa 2
Teraz Pan/Pani

a. 2|8

1. ■ Co podać do picia?
▶ Proszę jasne piwo.

2. ■ Czy podać coś do picia?
▶ Sok pomarańczowy.

3. ■ Podać coś do picia?
▶ Wodę mineralną.

4. ■ Dzień dobry, co podać?
▶ Ciemne piwo, proszę.

b. 2|9

1. ■ Czy państwo już wybrali?
▶ Tak, proszę zupę pomidorową i kotlet schabowy.

2. ■ Co mogę podać?
▶ Poproszę barszcz i pierogi.

3. ■ Czy państwo już coś wybrali?
▶ Tak, proszę dwie parówki i frytki.

4. ■ Co mogę pani podać?
▶ Proszę rosół z makaronem i bigos.

Rozmowa 3
Teraz Pan/Pani

a. 2|11

1. ■ Chcesz coś na deser?
▶ Tak, lody.

2. ■ Co chcesz na deser?
▶ Jagody z bitą śmietaną.

3. ■ Czy podać coś na deser?
▶ Tak, tort czekoladowy, proszę.

4. ■ Chcecie coś na deser?
▶ Tak, szarlotkę.

5. ■ Na co masz ochotę?
▶ Mam ochotę na sernik.

6. ■ Chcesz coś na deser?
▶ Nie nic, dziękuję.

b. 2|12

1. ▶ Proszę pana!
■ Tak, słucham?
▶ Rachunek proszę.

2. ▶ Proszę pani!
■ Proszę?
▶ Proszę jeszcze jeden sok pomarańczowy.

3. ▶ Proszę pana!
■ Słucham?
▶ Proszę lampkę wina.

4. ▶ Proszę pani!
■ Podać coś jeszcze?
▶ Poproszę jeszcze jedno piwo.

Ćwiczenia
Ćwiczenia pisemne

1.
b. Chciałabym
c. Chciałbym
d. Chcielibyśmy
e. Chciałybyśmy
f. Chciałbym/Chciałabym

2.
b. Proszę/Poproszę dwie bułki.
c. Proszę/Poproszę dwa jajka.
d. Proszę/Poproszę dwie parówki.
e. Proszę/Poproszę dwie szarlotki.
f. Proszę/Poproszę dwa rogaliki.
g. Proszę/Poproszę dwa jogurty.

3.
-i: sałatki, bułki, kiełbaski, soki, szarlotki, rogaliki, parówki, stoliki, ziemniaki, surówki, serniki
-y: chleby, cytryny, sery, kiełbasy, jogurty, osoby, grzyby, kotlety, zupy, torty, dżemy
-a: jajka, biura, piwa, wina

4. Bemerkung: Die Reihenfolge der Satzglieder kann variieren.
b. Czy ty lubisz Krzysztofa?
c. (My) na śniadanie pijemy kawę.
d. Ja chcę zupę pomidorową i bigos.
e. Dzisiaj (my) jemy na kolację jajecznicę.
f. (Ja) mogę dostać jedno jajko?
g. (Ja) lubię Michała.

5.
a. chcę
b. lubisz
c. pije
d. chcesz jeść
e. jedzą

6.
tort czekoladowy, piwo bezalkoholowe, zupa pomidorowa, woda mineralna, sok pomarańczowy, kotlet schabowy

7.
Zupy: barszcz z uszkami, rosół, zupa pomidorowa, zupa ogórkowa, żurek
Drugie dania: sandacz w śmietanie, bigos z bagietką, kotlet schabowy z frytkami, pierogi z jagodami, pierogi z kapustą, pstrąg z ziemniakami
Desery: lody ze śmietaną, jagody, tort czekoladowy, sernik, szarlotka
Napoje bezalkoholowe: piwo bezalkoholowe, herbata z cytryną, woda mineralna
Napoje alkoholowe: wódka czysta, wino białe wytrawne, herbata z rumem, szampan, piwo jasne

8.
a. Chciałbym/chciałabym coś zjeść.
b. Proszę/Poproszę jeden chleb i dwie bułki.
c. Lubię polską kiełbasę.
d. Dla mnie proszę sernik i lampkę wina.
e. Dziękuję, wszystko bardzo dobrze smakowało.
f. (Czy) ma pan/pani/ świeże rogaliki?
g. Moje dzieci lubią parówki.
h. Przepraszam, ale te wędliny nie są świeże.
i. Mam ochotę na szarlotkę z bitą śmietaną.
j. Gdzie jest toaleta?

Ćwiczenia z CD

2. Hörtext 2|14
● Dzień dobry pani! Czy podać coś do picia?
◆ **Tak, kawę i wodę mineralną.**
● Proszę bardzo. Coś jeszcze?
◆ **Szarlotkę proszę.**
● Z bitą śmietaną?
◆ **Tak.**

3. Hörtext 2|15
Jurek jest bardzo głodny i je dzisiaj na kolację **chleb** z masłem, trzy kiełbaski, **dwie bułki**, dwa jogurty, jeden pączek i pije **herbatę z cytryną**.

a. TAK
b. NIE
c. NIE
d. TAK
e. NIE
f. NIE
g. TAK

4. Hörtext 2|16
■ Dzień dobry, chcielibyśmy zjeść obiad.
● Proszę bardzo. **Polecam rosół z makaronem** i **pierogi z kapustą**.
■ Dobrze, dla mnie **rosół** i **pierogi**.
● A dla pani?
● Proszę tylko **barszcz z uszkami**.

b. Rosół z makaronem i pierogi z kapustą.
c. Tak, Adam chce rosół.
d. Hanka chce barszcz z uszkami.
e. Chyba tak.

5. Lösungswort: **chleb** 2|17

6. 2|18
a. ● Poproszę ciasto.
■ jedno jajko
▶ Poproszę jedno jajko.

● Poproszę kawę.
■ herbata
▶ Poproszę herbatę.

● Poproszę jeden jogurt.
■ jeden rogalik
▶ Poproszę jeden rogalik.

● Poproszę dwie szarlotki.
■ dwie kiełbaski
▶ Poproszę dwie kiełbaski.

● Poproszę tort czekoladowy.
■ sok pomarańczowy
▶ Poproszę sok pomarańczowy.

● Poproszę zupę ogórkową
■ zupa pomidorowa
▶ Poproszę zupę pomidorową.

b. ● Lubię lody.
■ Krzysztof
▶ Krzysztof lubi lody.

● Lubię pączki.
■ Agnieszka
▶ Agnieszka lubi pączki.

● Lubię bigos.
■ my
▶ My lubimy bigos.

● Lubię barszcz.
■ ty?
▶ Lubisz barszcz?

● Lubię wytrawne wino.
■ wy?
▶ Lubicie wytrawne wino?

Lekcja 5: W galerii handlowej

Rozmowa 1

Teraz Pan/Pani

a. 2|20

1. ▶ Poproszę pięć widokówek i chusteczki.
■ Chusteczek nie ma.
▶ Nie szkodzi.

2. ▶ Poproszę dziesięć znaczków i chusteczki.
■ Niestety chusteczek nie mam.
▶ Nie szkodzi. Ile płacę?

3. ▶ Poproszę butelkę wody i chusteczki.
■ Chusteczek nie ma, ale tam jest apteka.
▶ Aha, no dobrze. Ile płacę?

b. 2|21

1. ▶ Ma pan mapę Polski i plan Warszawy?
■ Tak, oczywiście.

2. ▶ Ma pan mapę Polski i plan Krakowa?
■ Tak, proszę bardzo.

3. ▶ Ma pan mapę Polski i plan Poznania?
■ Plan Poznania tak, ale mapy Polski nie mam.

4. ▶ Ma pan mapę Polski i plan Wrocławia?
■ Tak, proszę.

Rozmowa 2

Teraz Pan/Pani

a. 2|23

1. ▶ Szukam koszulki.
■ Jaki rozmiar i jaki kolor?
▶ Biały, rozmiar 36.

2. ▶ Szukam bluzki.
■ Dla pani? Jaki kolor?
▶ Czerwony, rozmiar 40.

3. ▶ Szukam kurtki.
■ Dla pana? Jaki kolor?
▶ Czarny, rozmiar 48.

4. ▶ Szukam dżinsów.
■ Kolor niebieski czy czarny?
▶ Niebieski, rozmiar 42.

5. ▶ Szukam swetra.
■ Jaki kolor i jaki rozmiar?
▶ Szary, rozmiar 50.

b. 2|24

1. ▶ Ile kosztują te dżinsy?
■ 90 złotych.

2. ▶ Ile kosztuje ten szalik?
■ 42 złote.

3. ▶ Ile kosztuje ta bluzka?
■ 35 złotych.

4. ▶ Ile kosztuje ten sweter?
■ 63 złote.

5. ▶ Ile kosztują te spodnie?
■ 99 złotych.

Rozmowa 3
Teraz Pan/Pani

a. 2|26

1. ■ Co dla pani?
▶ Proszę kilo cytryn.

2. ■ Co dla pana?
▶ Poproszę pół kilo truskawek.

3. ■ Co dla pani?
▶ 20 deka sera.

4. ■ Co dla pani?
▶ 3 kilo jabłek i dwa banany.

b. 2|27

1. ■ Mam ochotę na kawę.
▶ Zapraszam cię do kawiarni!

2. ■ Chce mi się pić.
▶ Zapraszam cię na kawę!

3. ■ Jestem głodny.
▶ Zapraszam cię do restauracji!

4. ■ Jestem głodna.
▶ Zapraszam cię na kolację!

Ćwiczenia
Ćwiczenia pisemne

1.

a. Nie chcę kawy.
herbaty.
bułki.
wody mineralnej.
czarnej kurtki.
tej czerwonej bluzki.

b. Nie chcę tego banana.
tego szarego szalika.
pomarańczowego soku.
bigosu.

c. Nie chcę jajka na miękko.
jasnego piwa.
jabłka.

2.

b. Nie lubię bułek.
c. jajek.
d. parówek.
e. rogalików.
f. truskawkowych jogurtów.
g. zielonych jabłek.

3.

a. są
b. kosztuje
c. szuka
d. jest
e. jedzą

4.

a. za
b. za
c. dla
d. z
e. dla

5.
b. To są pieniądze Mateusza.
c. To jest sweter Agnieszki.
d. To jest szalik Martyny.
e. To jest bluzka Kingi.
f. To jest kurtka Kamila.

6.
b. Chciałbym/Chciałabym trochę zupy.
c. Chciałbym/Chciałabym trochę wina.
d. Chciałbym/Chciałabym trochę chleba.
e. Chciałbym/Chciałabym trochę sałatki.
f. Chciałbym/Chciałabym trochę kiełbasy.

7.
◆ Proszę dwa **bilety** tramwajowe i **chusteczki** higieniczne.
● To wszystko?
◆ Nie, proszę **jeszcze** jedno **mydło**. Ile kosztuje **plan** Gdańska?
● 15 **złotych**, może być?
◆ Tak, to wszystko.

8.
a. kupisz
b. kupić
c. kupicie
d. muszę kupić
e. kupię
f. musimy

9.
a. Nie, dziękuję, to mi się nie podoba.
b. To nie pasuje.
c. Chodźmy do kawiarni!
d. To nie są moje rzeczy.
e. Macie jutro czas?
f. Podoba ci się ta kurtka?
g. (Ja) dzisiaj nie mam czasu.
h. Musimy kupić prezent dla Michała.
i. Nie lubię żółtego koloru.
j. Gdzie mogę to przymierzyć?

Ćwiczenia z CD

2. Hörtext 2|29
● Co dla pani?
■ Proszę dwa kilo jabłek, **pół kilo truskawek**, **dwie butelki wody** mineralnej, **mleko**, **20 deka sera**, dwa jogurty i butelkę wina.
● Proszę bardzo. Jakie wino? Białe czy czerwone?
■ Czerwone. Proszę jeszcze cztery piwa. To wszystko, dziękuję.

a. NIE
b. NIE
c. NIE
d. TAK
e. TAK
f. TAK
g. TAK
h. NIE
i. NIE
j. NIE
k. NIE

3. 2|30
a. Roman: Romek, Romcio
b. Agata: Aga, Agatka
c. Karol: Karolek, Lolek
d. Barbara: Basia, Baśka

4. Lösungswort: **czerwony** 2|31

5. 2|32
a. ● Poproszę dwa bilety.
■ pięć
▶ Poproszę pięć biletów.

● Poproszę trzy znaczki.
■ dziesięć
▶ Poproszę dziesięć znaczków.

● Poproszę cztery banany.
■ kilo
▶ Poproszę kilo bananów.

● Poproszę dwa rogaliki.
■ sześć
▶ Poproszę sześć rogalików.

b. ● Proszę dwie bułki.
■ osiem
▶ Proszę osiem bułek.

- ● Proszę trzy cytryny.
- ■ pół kilo
- ▶ Proszę pół kilo cytryn.

- ● Proszę dwa jabłka.
- ■ dwa kilo
- ▶ Proszę dwa kilo jabłek.

- ● Proszę truskawki.
- ■ kilo
- ▶ Proszę kilo truskawek.

Lekcja 6: Rodzina

Rozmowa 1
Teraz Pan/Pani

a. 2|34

1. ▶ Wszystkiego najlepszego! Proszę, to dla ciebie!
   ■ Dziękuję bardzo!

2. ▶ Wszystkiego najlepszego z okazji urodzin!
   ■ Dzięki!

3. ▶ Wszystkiego najlepszego z okazji imienin!
   ■ Dziękuję, proszę dalej!

4. ▶ Kochana Kasiu, życzę ci dużo zdrowia, szczęścia i radości!
   ■ Dziękuję, proszę do pokoju!

b. 2|35

1. ▶ Napijmy się, twoje zdrowie Andrzej!
   ■ Na zdrowie!

2. ▶ No to, na zdrowie!
   ■ Sto lat, sto lat...

3. ▶ Zdrowie pań!
   ■ Zdrowie pań!

Rozmowa 2
Teraz Pan/Pani

a. 2|37

1. ▶ Ile masz lat?
   ■ 42.

2. ▶ Ile lat ma twój syn?
   ■ 12.

3. ▶ Ile lat ma twoja siostra?
   ■ 18.

4. ▶ Ile on ma lat?
   ■ 36.

5. ▶ Ile ona ma lat?
   ■ 22.

b. 2|38

1. ▶ Kim on jest?
   ■ Lekarzem.

2. ▶ Kim jesteś?
   ■ Studentką.

3. ▶ Kim jest twój brat?
   ■ Studentem.

c. 2|39

1. ▶ Świetnie wyglądasz!
   ■ Dzięki.

2. ▶ Świetnie pani wygląda!
   ■ Dziękuję.

3. ▶ Pięknie wyglądasz!
   ■ Naprawdę? Dziękuję.

4. ▶ Pięknie pani wygląda!
   ■ Dziękuję.

Rozmowa 3
Teraz Pan/Pani

a. 2|41

1. ▶ Mam dwa bilety na mecz w niedzielę. Idziemy?
   ■ Jasne, idziemy!

2. ▶ Mam dwa bilety na koncert w sobotę. Masz ochotę?
   ■ Oczywiście, bardzo chętnie!

3. ▶ Mam dwa bilety do teatru we wtorek. Idziemy?
   ■ A na co?

4. ▶ Mam dwa bilety na film, dzisiaj wieczorem. Masz czas?
   ■ Nie, dzisiaj nie mogę.

b. 2|42

1. ▶ Może pójdziemy wieczorem do kina?
   ■ Chętnie.

2. ▶ Może pójdziemy dzisiaj do teatru?
   ■ Bardzo chętnie.

3. ▶ Może pójdziemy jutro do restauracji?
   ■ Dobrze, dlaczego nie?

4. ▶ Może pójdziemy po południu do muzeum?
   ■ Nie, nie mam ochoty.

Ćwiczenia
Ćwiczenia pisemne

1.
b. małżeństwo
c. dzieci
d. rodzice
e. rodzeństwo
f. wujek i ciocia

2.
Cześć **Maciek**! **Wszystkiego najlepszego** z **okazji imienin**! Sto **lat**! **Do** zobaczenia **w** niedzielę. Ania

3.
Wiktor nie lubi **poniedziałków**, bo w poniedziałki musi długo pracować. Jutro, we **wtorek** Wiktor pracuje tylko przed **południem**, ale w **środę** niestety cały dzień. W **czwartek** musi pracować w nocy. W **piątek** i w **sobotę** Wiktor ma zawsze wolne, a w **niedzielę** musi pracować tylko po **południu**.

4.
b. moją siostrą
c. rodzicami
d. żoną
e. mamą
f. Szymonem
g. naszą córką

5.
b. Marta interesuje się filmem.
c. Krystian i Katarzyna interesują się komputerami.
d. Franek i Piotrek interesują się piłką nożną.
e. My interesujemy się Warszawą.
f. Ja interesuję się muzyką.

6.
b. Z kolegą.
c. Z babcią i z dziadkiem.
d. Z Justyną i z Adamem.

7.
b. Marysia to nasza córka.
c. Adam to mój syn.
d. Pani Bauer jest Niemką.
e. Mój wujek jest dobrym chirurgiem.
f. Pani Winkler to niemiecka dziennikarka.

8.
a. idziecie
b. mieszka, mieszkać
c. studiuje
d. mieszkacie
e. wygląda
f. idę
g. pracuje
h. robisz

9.
a. Mam problem z komputerem.
b. Jedziemy samochodem do Torunia.
c. To nie jest mój mąż, tylko mój chłopak.
d. Co studiujesz?
e. Moja żona jest dzisiaj bardzo zajęta i nie ma czasu.
f. Czym się interesujesz?
g. Gdzie mieszkasz?

h. Czym jedziesz do Krakowa?
i. Masz rodzeństwo? – Tak, mam (jednego) brata i (jedną) siostrę.
j. Co robicie dzisiaj po południu?

Ćwiczenia z CD

2. Hörtext 2|44

W **poniedziałek** wieczorem idę do **kina**. We **wtorek** muszę iść na **kurs niemieckiego**. W **środę** i w **czwartek** mam **konferencję w Warszawie**. W **piątek** Hania ma imieniny – muszę **kupić prezent**. W **sobotę** idziemy z Mirkiem na **mecz**. W **niedzielę** idę na **obiad do rodziców**.

a. kino
b. niemiecki
c. konferencja
d. konferencja
e. kupić prezent
f. mecz
g. obiad u rodziców

3. Hörtext 2|45

Zbyszek ma **19** lat. **Zuzanna** ma **22** lata. **Pani Kowalska** ma **51** lat. **Pan Woźniak** ma **67** lat. **Joasia** ma **18** lat. **Mój dziadek** ma **84** lata. **Moja mama** ma **43** lata.

a. 19
b. 22
c. 51
d. 67
e. 18
f. 99
g. 43

4. Hörtext 2|46

Hanka: Cześć **Wojtek**! Wszystkiego najlepszego z okazji **urodzin**! Proszę, to dla ciebie: **francuskie wino!**
Wojtek: Dzięki. Proszę do pokoju. Zobacz, to **prezent od Małgosi**.
Hanka: Jaki ładny **szalik**! Wojtek, a ile ty masz lat?
Wojtek: **23**.
Hanka i Małgosia: No to „Sto lat, sto lat ...“

a. NIE
b. TAK
c. NIE
d. NIE

5. Hörtext 2|47

Moja **rodzina** jest mała. Mój **mąż** nazywa się Wojciech i ma 35 lat. Mamy dwoje **dzieci**: córkę Martynę i **syna** Bartka. Moja **mama** ma 63 lata i **pracuje** jeszcze w banku. Mój **ojciec,** niestety, już nie **żyje**. Bardzo kocham moją rodzinę.

6. Lösungswort: **żona** 2|48

7. 2|49

a.
● Jakie piękne kwiaty!
■ szalik
▶ Jaki piękny szalik!

● Jaki ładny prezent!
■ zdjęcie
▶ Jakie ładne zdjęcie!

● Jakie fajne dżinsy!
■ koszulka
▶ Jaka fajna koszulka!

● Jaki piękny bursztyn!
■ wazon
▶ Jaki piękny wazon!

b.
● Jadę z moim chłopakiem do Polski.
■ koleżanki
▶ Jadę z koleżankami do Polski.

● Jadę do Warszawy z moją mamą.
■ moja dziewczyna
▶ Jadę do Warszawy z moją dziewczyną.

● Jadę do Krakowa z moim mężem.
■ moja żona
▶ Jadę do Krakowa z moją żoną.

● Jadę do Niemiec z Mateuszem.
■ Karolina
▶ Jadę do Niemiec z Karoliną.

Lekcja 7: W podróży

Rozmowa 1
Teraz Pan/Pani
2|51

1. ■ Dzień dobry, kontrola drogowa. Prawo jazdy proszę.
   ▶ Proszę bardzo, dowód rejestracyjny też?

2. ■ Przekroczył pan dozwoloną szybkość.
   ▶ Przepraszam, nie rozumiem.

3. ■ Dzień dobry, kontrola drogowa, jechał pan za szybko.
   ▶ Naprawdę? To niemożliwe!

4. ■ Pani przekroczyła dozwoloną szybkość.
   ▶ Bardzo mi przykro.

Rozmowa 2
Teraz Pan/Pani
2|53

1. ▶ Proszę bilet do Radomia bez przesiadki.
   ■ Na kiedy?
   ▶ Na dzisiaj po południu.
   ■ Która klasa?
   ▶ Pierwsza, albo druga. Obojętnie.

2. ▶ Proszę bilet do Zakopanego bez przesiadki.
   ■ Na kiedy?
   ▶ Na jutro rano.
   ■ Która klasa?
   ▶ Wszystko jedno.

Rozmowa 3
Teraz Pan/Pani

a. 3|2

1. ■ Bilety do kontroli!
   ▶ Momencik, muszę poszukać mojego biletu ...

2. ■ Bilety do kontroli!
   ▶ Niestety, nie mam biletu.

3. ■ Bilety do kontroli!
   ▶ Chwileczkę, proszę bardzo.

4. ■ Bilety do kontroli!
   ▶ Mój mąż, to ten pan, ma mój bilet.

b. 3|3

1. ▶ Do Galerii Złote Tarasy, gdzie muszę wysiąść?
   ■ Niestety nie wiem.

2. ▶ Do Łazienek, gdzie mam wysiąść?
   ■ Na drugim przystanku.

3. ▶ Przepraszam, czy ten autobus jedzie do Wilanowa?
   ■ Tak.

4. ▶ Czy następny przystanek, to dworzec?
   ■ Nie, jeszcze dwa przystanki.

5. ▶ Przepraszam, jaki jest następny przystanek?
   ■ Rynek.

Ćwiczenia
Ćwiczenia pisemne

1.

▲ Proszę bilet **do** Bielska, **na** dzisiaj, **przy** oknie.
◆ Tam i **z** powrotem?
▲ Nie, tylko **w** jedną stronę.
◆ **O** dwunastej piętnaście, czy **o** osiemnastej dwadzieścia?
▲ **O** osiemnastej dwadzieścia.

2.

b. idzie
c. chodzę
d. chodzi
e. idziesz
f. chodzisz
g. chodzić

3.

a. jeździcie
b. jedzie
c. jeździć
d. jedzie
e. jeździ

4.

a. poszukam
b. kupujemy
c. zaprasza
d. jedzą
e. pójdziemy
f. kupuje
g. szukamy
h. zrobię

5.

a. pójść
b. kupować
c. zjeść
d. poszukać
e. kupuję
f. zapłacić
g. zwiedzić
h. wziąć

6.

a. która
b. który
c. który
d. która
e. która
f. które

7.

a. odjazd
b. krótki
c. wolno/powoli
d. tam i z powrotem
e. z
f. dokąd

8.

a. Chętnie jeżdżę/Lubię jeździć na rowerze.
b. Płacę gotówką.
c. (Czy) muszę kupić miejscówkę?
d. Gdzie jest dworzec?
e. Jest już późno. Chodźmy do domu!
f. Wiesz, co masz kupić?
g. Który autobus jedzie na lotnisko?
h. Ile przystanków jest do centrum?
i. Idziemy pieszo, albo jedziemy tramwajem?
j. Masz prawo jazdy?
k. (Czy) to (jest) pociąg do Warszawy?

Ćwiczenia z CD

2. Hörtext 3|5

Pani Sikora pracuje w banku. Codziennie rano o godzinie **siódmej je** śniadanie, a o **ósmej idzie** do pracy. W poniedziałki, o godzinie **dziewiątej ma** zawsze konferencję. Obiad **je** często o **dwunastej**, a czasem o **pierwszej**. Po południu, o **czwartej** pani Sikora **pije** herbatę, a o **szóstej idzie** do domu.

3. Hörtext 3|6

a. ▲ Ile kilometrów na godzinę wolno tu jechać?
◆ **Pięćdziesiąt (50)**.

b. ▲ Przepraszam, dworzec, który to przystanek?
◆ Momencik, raz, dwa, trzy, cztery. **Czwarty** przystanek.

c. ▲ Proszę tu są pani bilety: Odjazd o godzinie **czternastej**, peron **trzeci**, tor **drugi**.
◆ O której godzinie jest przyjazd do Łodzi?
▲ O **siedemnastej pięć**.

4. Lösungswort: **Kiedy** 3|7

5. 3|8

a. ● Zawsze jeżdżę do pracy samochodem.
■ mój mąż
▶ Mój mąż zawsze jeździ do pracy samochodem.

● Ja często jeżdżę do szkoły rowerem.
■ moje dziecko
▶ Moje dziecko często jeździ do szkoły rowerem.

● Jeździsz autobusem do pracy?
■ wy
▶ Jeździcie autobusem do pracy?

● Czasem jeżdżę pociągiem do Krakowa.
■ my
▶ Czasem jeździmy pociągiem do Krakowa.

b. ● Karol chodzi codziennie do kina.
■ my
▶ Chodzimy codziennie do kina.

● Ja chodzę do pracy pieszo.
■ moja żona
▶ Moja żona chodzi do pracy pieszo.

● Jak często chodzisz do teatru?
■ wy
▶ Jak często chodzicie do teatru?

● W poniedziałki chodzę na kurs polskiego.
■ Michael
▶ Michael w poniedziałki chodzi na kurs polskiego.

Lekcja 8: To był piękny urlop!

Rozmowa 1
Teraz Pan/Pani

a. 3|10

1. ▶ Kiedy zwiedzimy Wawel i Kazimierz?
   ■ Wawel dzisiaj rano, a Kazimierz, wieczorem.

2. ▶ Kiedy pojedziemy do Wieliczki?
   ■ Jutro przed południem.

3. ▶ Kiedy pójdziemy do Kościoła Mariackiego?
   ■ Po południu.

b. 3|11

1. ▶ Jak długo Wit Stwosz mieszkał w Krakowie?
   ■ Dwadzieścia lat.

2. ▶ Jak długo mieszkałeś w Warszawie?
   ■ Dwa lata.

3. ▶ Jak długo Jurek mieszkał w Monachium?
   ■ Pięć lat.

4. ▶ Jak długo oni mieszkali w Berlinie?
   ■ Rok, tylko jeden rok.

5. ▶ Jak długo ona mieszkała w Niemczech?
   ■ Osiem lat.

Rozmowa 2
Teraz Pan/Pani

a. 3|13

1. ■ Gdzie byliście na urlopie?
   ▶ Nad morzem.
   ■ No i jak było?
   ▶ Fantastycznie!

2. ■ Gdzie byłeś na wakacjach?
   ▶ W górach.
   ■ Jak było?
   ▶ Bardzo gorąco!

3. ■ Gdzie byłaś na urlopie?
   ▶ W Bieszczadach.
   ■ Było ładnie?
   ▶ Pięknie!

4. ■ Gdzie byliście na urlopie?
   ▶ W Tatrach.
   ■ Jaka była pogoda?
   ▶ Super!

5. ■ Gdzie byłeś na urlopie?
   ▶ W Międzyzdrojach.
   ■ No i jak było?
   ▶ Tak sobie.

6. ■ Gdzie byłaś na wakacjach?
   ▶ Na Mazurach.
   ■ No i jak było?
   ▶ Trochę drogo, ale super.

b. 3|14

1. ■ Co robiłaś na wakacjach?
   ▶ Spacerowałam godzinami nad morzem i opalałam się.

2. ■ Co robiłeś w górach?
   ▶ Wędrowałem i zbierałem grzyby.

3. ■ Co robiłeś na Mazurach?
   ▶ Pływałem na desce surfingowej albo żeglowałem.

4. ■ Co robiłaś nad morzem?
   ▶ Leżałam na plaży i nie robiłam nic.

c. 3|15

1. ■ Co ci się najbardziej podobało?
   ▶ Wieczory przy ognisku i kurs jazdy konnej.

2. ■ Co ci się najbardziej podobało w Łebie?
   ▶ Plaża i ruchome wydmy.

3. ■ Co ci się najbardziej w Polsce podobało?
   ▶ Tatry i Zakopane.

4. ■ Co ci się w Polsce podobało?
   ▶ Wszystko.

Rozmowa 3
Teraz Pan/Pani

a. 3|17

1. ▶ Dostaliśmy kartkę od Franka.
   ■ Skąd?
   ▶ Z Mazur.

2. ▶ Dostaliśmy kartkę od Urszuli.
   ■ Skąd?
   ▶ Z Mikołajek.

3. ▶ Dostaliśmy kartkę od Oli.
   ■ Skąd?
   ▶ Z Sopotu.

4. ▶ Dostaliśmy kartkę od Janka.
   ■ Skąd?
   ▶ Z Tatr, z Zakopanego.

5. ▶ Dostaliśmy kartkę od Piotra.
   ■ Skąd?
   ▶ Z Międzyzdrojów.

6. ▶ Dostaliśmy kartkę od Gosi i Antka.
   ■ Skąd?
   ▶ Z Jastarni.

b. 3|18

1. ■ Może pojedziemy w przyszłym roku na Mazury?
   ▶ Nie, bo ja nie umiem pływać.

2. ■ Może pojedziemy w przyszłym roku na spływ kajakowy?
   ▶ Nie, bo ja nie lubię spać w namiocie.

3. ■ Może pojedziemy w przyszłym roku w góry?
   ▶ Nie, lepiej nad morze.

4. ■ Może pojedziemy w przyszłym roku nad morze?
   ▶ Nie, wolę góry.

5. ■ Może pojedziemy w przyszłym roku na spływ kajakowy?
   ▶ Nie, bo nie lubię pływać kajakiem.

Ćwiczenia
Ćwiczenia pisemne

1.

a. 2.
b. 4.
c. 5.
d. 6.
e. 3.
f. 1.

2.

Zwiedziliśmy już dużo zabytków. Wczoraj **widzieliśmy** Panoramę Racławicką a wieczorem **byliśmy** na koncercie! **Pojechaliśmy** nawet do Karpacza.

3.

a. sama
b. sami
c. sam
d. sam/sama

4.

a. byłeś/byłaś
b. byliśmy/byłyśmy
c. byłeś
d. byli
e. był
f. była

5.

a. Jolanta i Magda
b. Bartek
c. Wiktoria
d. Michał i Anka/Patryk i Dominik
e. Michał i Anka/Patryk i Dominik

6.

a. chciała
b. miał
c. musieliście/musiałyście
d. miałem/miałam
e. musiał
f. chcieliśmy/chciałyśmy, mieliśmy/miałyśmy

7.

a. Niemczech
b. Sukiennicach
c. Mazurach
d. namiotach
e. wakacjach/górach
f. Międzyzdrojach

8. Bemerkung: Die Reihenfolge der Satzglieder kann variieren.

a. Łukasz, co robiłeś wczoraj?
b. Podoba ci się?
c. Mieszkałem/Mieszkałam dwa lata w Berlinie.

d. Umiesz pływać?
e. To mi się nie podoba.
f. Dostałem/Dostałam kartkę od Marka.
g. Gdzie byłeś/byłaś na wakacjach?
h. Bardzo nam się tam podobało,
i. W Polsce chciałbym/chciałabym zwiedzić stare kościoły.

Ćwiczenia z CD

2. Hörtext 3|20

W tym roku byłem **nad morzem**, w **Łebie**. Bardzo podobały mi się ruchome wydmy. Pojechałem też na weekend do **Międzyzdrojów**. Chciałem jeszcze zwiedzić Sopot, ale nie miałem już czasu.

3. Hörtext 3|21

● Ryszard, gdzie byłeś na urlopie?
◆ Na Mazurach. **Pływałem, żeglowałem, łowiłem ryby** a nawet **zbierałem grzyby**. Doskonale wypocząłem. A ty, gdzie byłaś?
● W Jastarni, ale nie byłam taka aktywna, jak ty. Po prostu **leżałam godzinami na plaży** i **opalałam się**. Woda była zimna, ale kilka razy **kąpałam się w morzu**. Wieczorem **spacerowałam** nad morzem.

	Ryszard ◆	Mariola ●
a.	**zbierał grzyby**	zbierała grzyby
b.	wędrował po górach	wędrowała po górach
c.	**żeglował na Mazurach**	żeglowała na Mazurach
d.	spacerował	**spacerowała**
e.	opalał się	**opalała się**
f.	kąpał się w morzu	**kąpała się w morzu**
g.	**łowił ryby**	łowiła ryby
h.	leżał godzinami na plaży	**leżała godzinami na plaży**
i	**pływał**	pływała

4. Lösungswort: **szkoda** 3|22

5. 3|23

a.
● Dwa lata temu byłam w Warszawie.
■ Krystian
▶ Dwa lata temu Krystian był w Warszawie.

● Rok temu byłem w Krakowie.
■ Marta
▶ Rok temu Marta była w Krakowie.

● Pięć lat temu byliśmy w Berlinie.
■ oni
▶ Pięć lat temu oni byli w Berlinie.

● Kilka lat temu Bartek był we Wrocławiu.
■ Wiktoria i Aleksandra
▶ Kilka lat temu Wiktoria i Aleksandra były we Wrocławiu.

b.
● To był naprawdę piękny urlop!
■ wieczór
▶ To był naprawdę piękny wieczór!

● To był wspaniały weekend!
■ wakacje
▶ To były wspaniałe wakacje!

● To był fantastyczny obiad!
■ kolacja
▶ To była fantastyczna kolacja!

● To była fajna podróż!
■ film
▶ To był fajny film!

Lekcja 9: Chyba jestem chora ...

Rozmowa 1
Teraz Pan/Pani

a. 3|25

1. ■ Co panu dolega?
▶ Boli mnie ucho i gardło. Poza tym kaszlę i mam katar.

2. ■ Co pani dolega?
▶ Boli mnie głowa i mam gorączkę.

3. ■ Co panu dolega?
▶ Bolą mnie plecy i lewa ręka.

4. ■ Co panu dolega?
▶ Wszystko mnie boli i źle się czuję.

b. 3|26

1. ■ Czy bierze pani jakieś lekarstwa?
   ▶ Tak, bo mam astmę.

2. ■ Bierze pan jakieś lekarstwa?
   ▶ Tak, bo jestem diabetykiem.

3. ■ Czy bierze pan jakieś lekarstwa?
   ▶ Tak, bo mam słabe serce.

4. ■ Bierze pani jakieś lekarstwa?
   ▶ Tak, bo mam katar sienny.

c. 3|27

1. ■ Jest pan na coś uczulony?
   ▶ Nie, nie jestem na nic uczulony.

2. ■ Jest pan na coś uczulony?
   ▶ Tak, na pyłki kwiatowe i truskawki.

3. ■ Jest pani na coś uczulona?
   ▶ Tak, na penicylinę.

Rozmowa 2
Teraz Pan/Pani

a. 3|29

1. ■ Mam silne bóle brzucha.
   ▶ Weź lekarstwo!

2. ■ Brzuch mnie boli.
   ▶ Weź krople żołądkowe i połóż się!

3. ■ Boli mnie brzuch.
   ▶ Napij się herbaty!

b. 3|30

1. ■ Czuję się coraz gorzej.
   ▶ W takim razie musimy natychmiast jechać do szpitala.

2. ■ Wiesz, bóle są coraz silniejsze.
   ▶ Chyba musimy wezwać pogotowie.

3. ■ Nie wiem, co mi jest. Czuję się coraz gorzej.
   ▶ To jedziemy do lekarza.

Rozmowa 3
Teraz Pan/Pani

a. 3|32

1. ▶ Pomocy!
   ■ Co się stało?
   ▶ Chyba złamałam nogę.

2. ▶ Na pomoc!
   ■ Co pani jest?
   ▶ Słabo mi, boli mnie serce. Pogotowie, szybko!

3. ▶ Pomocy!
   ■ Co panu jest?
   ▶ Moja ręka! Chyba złamałem rękę.

b. 3|33

1. ■ Czy ta osoba jest przytomna?
   ▶ Tak, ale chyba zaraz zemdleje.

2. ■ Czy ta pani jest przytomna?
   ▶ Nie, proszę szybko przyjechać!

3. ■ Czy ta osoba jest przytomna?
   ▶ Tak, ale jest ranna.

4. ■ Czy ta osoba jest ranna?
   ▶ Tak i ma silne bóle.

Ćwiczenia
Ćwiczenia pisemne

1.

b. (Ja) jestem uczulony/-a na czekoladę.
c. Moje dzieci są uczulone na mleko.
d. Moja żona jest uczulona na maliny.
e. Mój mąż jest uczulony na to lekarstwo.
f. Moja córka jest uczulona na pyłki kwiatowe.

2.

b. Janusza boli ucho.
c. Boli mnie żołądek.
d. Moją mamę boli serce.
e. Bolą cię plecy?
f. Mojego ojca bolą nogi.

3.
a. mały – duży, chory – zdrowy, silny – słaby
b. powoli – szybko, długo – krótko, źle – dobrze

4.
b. dobrze, lepiej, najlepiej
c. zimny, zimniejszy, najzimniejszy
d. źle, gorzej, najgorzej
e. dobry, lepszy, najlepszy
f. silny, silniejszy, najsilniejszy
g. duży, większy, największy
h. mały, mniejszy, najmniejszy
i. długi, dłuższy, najdłuższy
j. słaby, słabszy, najsłabszy

5.
b. mało
c. długo
d. mały
e. zły
f. dobrze
g. źle
h. dobra
i. dużo

6.
b. Nigdy nie jemy kolacji w domu.
c. Ja nic nie wiem.
d. Oni nigdy nie jadą na wakacje do Polski.
e. Nic mnie nie boli.

7.
b. Zrób to szybko!
c. Zobacz te zdjęcia!
d. Mów powoli!
e. Zjedz śniadanie!
f. Daj mi to!

8.
b. pomidorowa
c. samochodowa
d. rowerowa
e. malinowa
f. owocowe

9.
a. Mam gorączkę.
b. Boli cię głowa?
c. On kaszle i ma katar.
d. Jesteś na coś uczulony/-a?
e. Mój syn ma katar sienny.
f. Śpij dobrze!

Ćwiczenia z CD

2. Hörtext 3|35
a. ■ Proszę, co pani dolega?
● Od wczoraj boli mnie serce. Mam też problemy z oddychaniem.
■ Zaraz zrobię pani EKG.

b. ● Dzień dobry, boli mnie ząb.
■ Który?
● Ten.
■ Zaraz zobaczę, co można zrobić.

c. ● Dzień dobry, moją córkę boli gardło i nie może mówić.
■ Siadaj i pokaż język. Niestety, to angina.

d. ● Dzień dobry, mojego syna boli prawe oko i źle widzi.
■ Proszę, siadaj tutaj. Muszę zbadać twoje oczy.

a. Beata – serce – kardiolog
b. Staszek – ząb – dentysta
c. córka pani Bąk – gardło – laryngolog
d. syn pani Gawin – oko – okulista

3. Lösungswort: **pogotowie** 3|36

4. 3|37
a. ● Boli mnie ząb.
■ zęby
► Bolą mnie zęby.

● Boli mnie ręka.
■ ręce
► Bolą mnie ręce.

● Boli mnie ucho.
■ uszy
► Bolą mnie uszy.

● Bolą mnie nogi.
■ noga
► Boli mnie noga.

b. ● Boli mnie głowa.
■ wziąć aspirynę
► Weź aspirynę!

● Słabo mi.
■ napić się wody
▶ Napij się wody!

● Źle się czuję.
■ iść do lekarza
▶ Idź do lekarza!

● Mam katar i kaszlę.
■ napić się gorącej herbaty
▶ Napij się gorącej herbaty!

Lekcja 10: Jaka będzie jutro pogoda?

Rozmowa 1
Teraz Pan/Pani

a. 3|39

1. ■ Jaka będzie jutro pogoda?
 ▶ Jutro będzie ciepło.

2. ■ Wiesz, jaka będzie jutro pogoda?
 ▶ Jutro będzie pochmurno, a w nocy będzie burza.

3. ■ Pojedziemy w niedzielę na wycieczkę? Wiesz, jaka będzie pogoda?
 ▶ Jutro będzie cały dzień słonecznie i gorąco.

4. ■ Jaka pogoda będzie jutro?
 ▶ Jutro będzie pięknie.

b. 3|40

1. ■ Czy jutro będzie padać?
 ▶ Zaraz zobaczę w Internecie.

2. ■ Czy jutro będą burze?
 ▶ Tak, ale tylko wieczorem.

3. ■ Czy jutro ma padać?
 ▶ Tak, ma padać i ma być bardzo zimno.

4. ■ Będzie jutro padać?
 ▶ Nie. Jutro będzie piękna pogoda.

Rozmowa 2
Teraz Pan/Pani

a. 3|42

1. ▶ Mam dla ciebie niespodziankę!
 ■ Tak, jaką?
 ▶ Kurs tańca!

2. ▶ Mam dla ciebie niespodziankę!
 ■ Naprawdę, jaką?
 ▶ Weekend w Berlinie!

3. ▶ Mam dla ciebie niespodziankę!
 ■ Jaką?
 ▶ Zobacz, zrobiłem kolację!

4. ▶ Mam dla ciebie niespodziankę!
 ■ Jaką?
 ▶ Zapraszam cię do restauracji!

5. ▶ Mam dla ciebie niespodziankę!
 ■ Jaką?
 ▶ Bilety do opery!

b. 3|43

1. ■ Kiedy zaczyna się kurs polskiego?
 ▶ Za dwa tygodnie.
 ■ A kiedy będziemy urządzać mieszkanie?
 ▶ W marcu i w kwietniu.

2. ■ Kiedy zaczyna się twój kurs?
 ▶ Za miesiąc.
 ■ A kiedy będziesz robić prawo jazdy?
 ▶ W maju i w czerwcu.

3. ■ Kiedy zaczyna się nasz kurs tańca?
 ▶ Za dwa miesiące.
 ■ A kiedy będziesz robić kurs prawa jazdy?
 ▶ We wrześniu i w październiku.

4. ■ Kiedy zaczyna się kurs niemieckiego?
 ▶ Za tydzień.
 ■ A kiedy będziemy chodzić na kurs tańca?
 ▶ W listopadzie i w grudniu.

Rozmowa 3
Teraz Pan/Pani

a. 3|45

1. ▶ Chciałbym pojechać z tobą w zimie w góry.
   ■ Super! Wspaniale!

2. ▶ Chciałbym pojechać z tobą w lecie nad morze.
   ■ Dobrze, dlaczego nie?

3. ▶ Chciałbym pojechać z tobą jesienią w Bieszczady.
   ■ Może lepiej w Karkonosze?

4. ▶ Chciałbym pojechać z tobą razem w przyszłym roku na urlop.
   ■ Naprawdę, a dokąd?

b. 3|46

1. ■ Aniu, kiedy będziesz miała urlop?
   ▶ Jeszcze nie wiem.

2. ■ Zbyszku, kiedy będziesz miał urlop?
   ▶ A dlaczego pytasz?

3. ■ Marysiu, kiedy będziesz miała urlop?
   ▶ Chyba wezmę dwa tygodnie w zimie i dwa tygodnie w lecie.

4. ■ Kiedy będziecie mieli urlop?
   ▶ Prawdopodobnie dopiero we wrześniu.

Ćwiczenia
Ćwiczenia pisemne

1.
a. zimie
b. Jesienią
c. lecie
d. Wiosna

2.
Dzisiaj w Polsce będzie **słonecznie**. Na Mazurach będzie przed południem bardzo **ciepło/gorąco**, a wieczorem będą **burze**. W górach też będzie ciepło, ale będzie wiał silny **wiatr**. Tylko nad morzem rano będzie **pochmurno**, ale nie będzie **padać**.

3.
a. będziesz
b. będzie
c. będziecie
d. będę

4.
b. Kochana Aniu!
c. Kochany Mario!
d. Kochana Marto!
e. Kochana Ciociu!
f. Kochana Mamo!
h. Kochany Tomku!
i. Kochany Maćku!
j. Kochany Pawle!
k. Kochany Wujku!
l. Kochany Tato!

5.
a. będę mówić/mówił, -a
b. będzie pracować/pracował
c. będziemy zwiedzać/zwiedzali, -ły
d. będę leżeć/leżał, -a
e. będzie spać/spała
f. będziemy zbierać/zbierali, -ły
g. będą robić/robili
h. będą jeść/jedli

6.
a. lipcu, sierpniu
b. lutym
c. listopadzie
d. wrześniu

7.
a. Mamy dla was niespodziankę!
b. Dlaczego tak dużo palisz?
c. Kiedy będziesz robić/robił, -a prawo jazdy?
d. Co wy na to?
e. Kiedy chcesz pojechać/jechać na urlop? W styczniu albo w czerwcu?
f. Zobacz w Internecie, czy jutro będzie burza.
g. Kiedy zaczyna się twój kurs polskiego?
h. Cieszę się, że cię wkrótce zobaczę.
i. Chciałbym spędzić z tobą urlop.

8.
a. Od, na
b. W, w, nad
c. w
d. Za, na, w

9.
a. halny
b. luty
c. rok
d. śnieg
e. grudzień
f. urlop

10.
Teraz Pan/Pani na pewno zna lepiej **Polskę** i **Polaków**. Myślę, że język **polski** się Panu/Pani podoba i Pan/Pani teraz umie mówić już nieźle **po polsku**. Czy chciałby Pan/chciałaby Pani pojechać na urlop do **Polski**? A może będzie Pan/Pani chodzić w przyszłym roku na kurs **polskiego** w **Polsce**? A może po prostu lubi Pan/Pani dobrą **polską** kuchnię! W takim razie, kto wie, może do zobaczenia w jakiejś **polskiej** restauracji!

Ćwiczenia z CD

2. Hörtext 3|48
- ● Małgosiu, jakie masz plany na przyszły tydzień?
- ■ Przede wszystkim w poniedziałek **będę miała wolne** i chciałabym pojechać na wycieczkę rowerową.
- ● W poniedziałek ma być **brzydka** pogoda.
- ■ Szkoda. W takim razie chyba będę robić porządek w mieszkaniu, ale **nie mam ochoty** ...
- ● To może **spędzimy ten dzień razem**. Ja **wezmę wolne** i będziemy mieć czas tylko dla nas. Co ty na to?
- ■ No dobrze.

a. NIE
b. NIE
c. TAK
d. NIE
e. NIE
f. TAK

3. Hörtext – Mögliche Antworten: 3|49
a. Jaką porę roku lubisz? – Wiosnę./Lato./Jesień./Zimę.
b. Jaki miesiąc lubisz najbardziej? – Lipiec.
c. Kiedy będziesz miał/miała urlop? – W sierpniu.
d. Uprawiasz jakiś sport? – Tak, aerobik.
e. Będziesz w przyszłym roku chodzić na kurs polskiego? – Oczywiście!

4. Lösungswort: **polski** 3|50

5. 3|51
a.
- ● W kwietniu będziemy urządzać mieszkanie.
- ■ Krystian i Marta
- ▶ W kwietniu Krystian i Marta będą urządzać mieszkanie.

- ● Co będziesz robić w niedzielę?
- ■ wy
- ▶ Co będziecie robić w niedzielę?

- ● W lecie będziemy chodzić na kurs polskiego.
- ■ ja
- ▶ W lecie będę chodzić na kurs polskiego.

- ● W przyszłym roku Asia będzie studiować we Wrocławiu.
- ■ Rafał
- ▶ W przyszłym roku Rafał będzie studiować we Wrocławiu.

b.
- ● Witaj Kasiu!
- ■ Kinga
- ▶ Witaj Kingo!

- ● Dzień dobry mamo!
- ■ babcia
- ▶ Dzień dobry babciu!

- ● Dobry wieczór Jacku!
- ■ Janek
- ▶ Dobry wieczór Janku!

- ● Witaj Janie!
- ■ Krystian
- ▶ Witaj Krystianie!

Alphabetischer Wortschatz Polnisch – Deutsch

Die Zahl gibt die Lektion an, in der das Wort zum ersten Mal erscheint. Die Sonderbuchstaben (*ą, ę, ł* usw.) werden unter dem entsprechenden Grundbuchstaben aufgeführt, z. B. *ł* unter *l*. Bei Maskulina wird die Genitiv-Form angegeben. Bei unregelmäßigen Pluralbildungen der Substantive sind die Pluralformen genannt. Für Adjektive wurden die Endungen für feminine und neutrale Formen im Nominativ Singular angegeben Die Verben sind als perfektiv bzw. imperfektiv gekennzeichnet. Es sind auch die Formen für die 1. und 2. Person Singular angegeben, was auf das Konjugationsmuster hinweist. Bei unregelmäßiger Konjugation wird die vollständige Form der 1. und 2. Person Singular aufgeführt. Verwendete Abkürzungen: *m* = maskulin, *f* = feminin, *n* = neutral, *Pl* = Plural, *ipf* = imperfektiv, *pf* = perfektiv, *ugs* = umgangssprachlich, *Adj* = Adjektiv.

A

a und (*gegenüberstellend*) 1
ach! ach! 4
adres e-mailowy *m* E-Mail-Adresse 3
adres *m* adresu Adresse 3
agroturystyczny, -a, -e agrotouristisch 3
aha! ach! ach so! 3
akademik *m* akademika Studentenwohnheim 6
albo oder 3
ale aber 4
aleja *f* Allee 2
apteczka *f* Verbandskasten 7
apteka *f* Apotheke 2
artykuły spożywcze *Pl* Lebensmittel 5
astma *f* Asthma 9
au! au! 9
Austria *f* Österreich 1
auto *n* Auto 3
autobus *m* autobusu Bus 1

B

babcia *f* Großmutter, Oma 6
bagaż *m* bagażu Gepäck 2
bagażnik *m* bagażnika Kofferraum 7
bagietka *f* Baguette 4
banan *m* banana Banane 1
bank *m* banku Bank 2
bankomat *m* bankomatu Geldautomat 1
bardziej mehr 9
bardzo sehr 1
Bardzo mi miło. Sehr angenehm. 1
Bardzo mi przykro. Das tut mir sehr leid. 3
barszcz *m* barszczu Rote-Bete-Suppe 4
baza noclegowa *f* Übernachtungsmöglichkeiten 3
benzyna bezołowiowa *f* bleifreies Benzin 7
bez ohne 7
biały, -a, -e weiß 5
bigos *m* bigosu Fleischgericht mit Sauerkraut 4
bilet *m* biletu Fahrkarte, Eintrittskarte 5
bilet w jedną stronę einfache Fahrkarte 7
bita śmietana *f* Schlagsahne 4
biuro *n* Büro 1
blady, -a, -e blass 9
blisko nah 2
bluzka *f* Bluse 5
bo weil 6
boczek *m* boczku Speck 4
ból *m* bólu Schmerz 9
boleć *ipf* boli wehtun 9
brać *ipf* biorę, bierzesz nehmen 7
brat *m* brata Bruder 6
brązowy, -a, -e braun 5
brudny, -a, -e schmutzig 3
brzoskwinia *f* Pfirsich 5
brzuch *m* brzucha Bauch 9
brzydki, -a, -ie hässlich 10
budować *ipf* -uję, -ujesz bauen 8
bufet *m* bufetu Büfett 4
bułka *f* Brötchen 4
bursztyn *m* bursztynu Bernstein 5
burza *f* Gewitter 10
butelka *f* Flasche 5
być, jestem, jesteś sein 1

C

cały, -a, -e ganz 2
cebula *f* Zwiebel 9
cena *f* Preis 3
centralny, -a, -e zentral 7
centrum handlowe *n* Einkaufszentrum 2
Centrum Informacji Turystycznej *n* Informationszentrum für Touristen 2
centrum *n* Zentrum 1
chce mi się jeść ich habe Hunger 4
chce mi się pić ich habe Durst 4
chciałbym ich möchte 4
chcieć, -ę -esz wollen 4
chętnie gern 4
chirurg *m* chirurga Chirurg 6
chleb *m* chleba Brot 1
chłopak *m* chłopaka, chłopcy Junge, fester Freund 1
chodzić *ipf* -ę, -isz gehen 5
chodźmy! gehen wir! 5
chory, -a, -e krank 9
chusteczka *f* Taschentuch 5
chusteczka higieniczna *f* Papiertaschentuch 5
chwileczka *f* Augenblick 3
chyba vielleicht, wahrscheinlich 2
ciasto *n* Kuchen 4
cichy, -a, -e still Grammatik
ciepło warm 10
cieszyć się *ipf* -ę, -ysz sich freuen 10
ciocia *f* Tante 6
co dwa lata jedes zweite Jahr 7
Co nowego? Was gibt es Neues? 6
Co panu dolega? Was fehlt Ihnen? 9
Co słychać? Was gibt es? 1
Co ty na to? *(ugs)* Was sagst du dazu? 10
co tydzień jede Woche 7
co? was? 1
codziennie täglich 6
coraz lepiej immer besser 9
córeczka *f* Töchterchen 6
córka *f* Tochter 6
coś etwas 1
ćwiczenie *n* Übung 1
ćwiczenie pisemne *n* schriftliche Übung 1
cytryna *f* Zitrone 1
czarny, -a, -e schwarz 5
czas *m* czasu Zeit 2
czasem manchmal 6
czekoladowy, -a, -e Schokoladen- 4
czereśnia *f* Kirsche 5
czerwiec *m* czerwca Juni 10
czerwony, -a, -e rot 5
cześć grüß dich, hallo, tschüss 1
często oft 7
czosnek *m* czosnku Knoblauch 9
czterdzieści vierzig 3
czternaście vierzehn 3
czternasty, -a, -e vierzehnter 7
cztery vier 2
czuć się *ipf* czuję, czujesz sich fühlen 9
czwartek *m* czwartku Donnerstag 6
czwarty, -a, -e vierter 7
czy ob, oder 2
czym? wofür?, womit? 3
czysty, -a, -e sauber, klar 4

D

dać *pf* -am, -asz geben 8
dalej weiter 6
daleko weit 2
data urodzenia *f* Geburtsdatum 3
deka *n (unveränderlich)* Dekagramm 5
dekagram *m* dekagrama Dekagramm 5
dentysta *m* dentysty Zahnarzt 9
deser *m* deseru Dessert 4
deska surfingowa *f* Surfbrett 8
deszcz *m* deszczu Regen 10
diabetyk *m* diabetyka Diabetiker 9
dla für 4
dla ciebie für dich 6
dla mnie für mich 4
dla niepalących für Nichtraucher 3
dlaczego? warum? 6
długi, -a, -ie lang 2
długo lang 3
do bis, nach, in, zu 1
do jutra bis morgen 1
do picia zum Trinken 4
do tego dazu 5
do widzenia auf Wiedersehen 1
do zobaczenia auf Wiedersehen 1

doba *f* Übernachtung, Tag und Nacht, 24 Stunden 3
dobranoc gute Nacht 1
dobry wieczór guten Abend 1
dobry, -a, -e gut 1
dobrze gut 1
dokąd? wohin? 7
dom *m* **domu** Haus 3
domek kempingowy *m* Ferienhütte, Campinghaus 3
domek *m* **domku** Häuschen 3
dopiero erst 10
dorożka *f* Kutsche 7
doskonale ausgezeichnet 8
doskonały, -a, -e ausgezeichnet 4
dostać *pf* **dostanę, dostaniesz** bekommen 4
dowód osobisty *m* Personalausweis 3
dowód rejestracyjny *m* Fahrzeugschein 7
dozwolony, -a, -e erlaubt 7
droga *f* Weg 7
drogi, -a, -ie teuer 2
drogo teuer 5
drogowy, -a, -e Straßen-, Verkehrs- 7
drugi, -a, -ie zweiter 2
drugie danie *n* zweiter Gang, Hauptgericht 4
drzewo *n* Baum 2
dużo viel 6
duży, -a, -e groß 9
dwa zwei 2
dwadzieścia zwanzig 3
dwanaście zwölf 3
dwie *f* zwei 4
dwoje ***(dzieci)*** zwei 4
dworzec *m* **dworca** Bahnhof 7
dwudziesty, -a, -e zwanzigster 7
dwunasty, -a, -e zwölfter 7
dyrektor *m* **dyrektora, dyrektorzy** Direktor 1
dżem *m* **dżemu** Konfitüre 2
dziadek *m* **dziadka** Großvater, Opa 6
dziadkowie *Pl* Großeltern 6
działać *ipf* **-am, -asz** funktionieren, tätig sein 3
dziecko *n* **dzieci** Kind 2
dzięki ***(ugs)*** danke 6
dziękuję danke 1
dzień *m* **dnia, dni** Tag 1
dzień dobry guten Tag 1
dziennie täglich 9
dziennikarka *f* Journalistin 6
dziennikarz *m* **dziennikarza** Journalist 6
dziesiąty, -a, -e zehnter 7
dziesięć zehn 2
dziewczyna *f* Mädchen, Freundin 1
dziewięć neun 2
dziewiąty, -a, -e neunter 7
dziewięćdziesiąt neunzig 3
dziewiętnaście neunzehn 3
dziewiętnasty, -a, -e neunzehnter 7
dżinsy *Pl* Jeans 5
dzisiaj heute 4
dzwonić *ipf* **-ię, -isz** anrufen, läuten 9

E

Europa *f* Europa 2
europeistyka *f* Europawissenschaft 6

F

fajny, -a, -e toll 5
fantastycznie fantastisch 8
film *m* **filmu** Film 6
fioletowy, -a, -e lila 5
firma *f* Firma 10
flaczki *Pl* Kutteln 4
forma *f* Form 4
formularz *m* **formularza** Formular 3
francuski, -a, -ie französisch 3
frytki *Pl* Pommes frites 4

G

galeria handlowa *f* Einkaufszentrum 5
gardło *n* Kehle, Hals 9
Gdańsk *m* **Gdańska** Danzig 8
gdański, -a, -ie Danziger 9
gdzie? wo? 2
ginekolog *m* **ginekologa** Gynäkologe 9
głodny, -a, -e hungrig 4
głowa *f* Kopf 9
główny, -a, -e Haupt- 8
godzina *f* Stunde, Uhr 7
godzinami stundenlang 8

gołąbek *m* **gołąbka** Kohlroulade mit Hackfleisch und Reis 4
góra *f* Berg 8
gorący, -a, -e heiß 4
gorączka *f* Fieber 9
gorszy, -a, -e schlechter 9
gorzej schlechter 9
gospodarstwo agroturystyczne *n* „Ferien auf dem Bauernhof" 3
gospodarstwo *n* Bauernhof 3
gotówka *f* Bargeld 7
gramatyka *f* Grammatik 1
grosz *m* **grosza** 1/100 Teil eines Zloty 3
grudzień *m* **grudnia** Dezember 10
gruszka *f* Birne 5
grypa *f* Grippe 9
grzyb *m* **grzyba** Pilz 4

H

hala targowa *f* Markthalle 8
halny *Adj* Föhnwind 10
halo hallo 3
handlowy, -a, -e Handels- 2
hej! Hallo! 1
herbata *f* Tee 4
historia *f* Geschichte 8
hotel *m* **hotelu** Hotel 1

I

i und 1
ich ihre (3. Person Plural) 1
ile? wie viel? 3
imię *n* Vorname 3
imieniny *Pl* Namenstag 6
Informacja Turystyczna *f* Touristeninformation 2
informatyk *m* **informatyka** Informatiker/ Informatikerin 6
inny, -a, -e anderer 5
intensywny -a, -e intensiv 10
interesować się *ipf* **-uję, ujesz** sich interessieren 6
interesujący, -a, -e interessant 9
Internet *m* **Internetu** Internet 6
internista *m* **internisty** Internist 9
iść *ifp* **idę, idziesz** gehen 2

J

ja ich 1
jabłko *n* Apfel 5
jagoda *f* Blaubeere 4
jajecznica *f* Rührei 4
jajko *n* Ei 4
jak? wie? 1
jaki, jaka, jakie? was für ein?, was für eine? 3
jakiś, jakaś, jakieś irgendein 9
jasne! na klar! 6
jasny, -a, -e hell 4
jazda *f* Fahrt, Reise 8
jazda konna *f* Reiten 8
jechać *ipf* **jadę, jedziesz** fahren 2
jeden, -a, -o eins 2
jedenaście elf 3
jedenasty, -a, -e elfter 7
jego sein, seine 1
jej ihr, ihre (3. Person Singular) 1
jeść *ipf* **-em, -esz** essen 4
jesień *f* Herbst 10
jeszcze noch 2
jeździć *ipf* **jeżdżę, jeździsz** fahren 7
jezioro *n* See 8
język *m* **języka** Sprache, Zunge 9
jogurt *m* **jogurtu** Joghurt 4
jubiler *m* **jubilera** Juwelier 5
jutro morgen 1
już schon 5

K

kantor *m* **kantoru** Wechselstube 3
kąpać się *ipf* **-ię, -iesz** baden 8
kapusta *f* Kraut 4
kardiolog *m* **kardiologa** Kardiologe 9
Karkonosze *Pl* Riesengebirge 8
karp *m* **karpia** Karpfen 4
Karpacz *m* **Karpacza** Krummhübel 8
karta *f* Speisekarte, Spielkarte 4
karta kredytowa *f* Kreditkarte 3
kartka *f* Postkarte 8
kasa *f* Kasse 1
kasza gryczana *f* Buchweizengrütze 4
kaszleć *ipf* **-ę, -esz** husten 9
katar *m* **kataru** Schnupfen 9

katar sienny ***m*** Heuschnupfen 9
Katowice ***Pl*** Kattowitz 1
kawa ***f*** Kaffee 1
kawiarnia ***f*** Café 5
kiedy? wann? 3
kiedyś einmal, irgendwann 8
kiełbasa ***f*** Wurst 4
kiełbaska ***f*** Würstchen 4
kierowca ***m*** **kierowcy** Fahrer/Fahrerin 6
kilka einige 5
kilo ***n (unveränderlich)*** Kilo 5
kilometr ***m*** **kilometra** Kilometer 7
Kim on jest? Was ist er (von Beruf)? 6
kino ***n*** Kino 6
klasa ***f*** Klasse 7
klucz ***m*** **klucza** Schlüssel 3
kochać ***ipf*** **-am, -asz** lieben 4
kochany, -a, -e lieb 6
kod pocztowy ***m*** Postleitzahl 3
kolacja ***f*** Abendessen 3
kolega ***m*** **kolegi, koledzy** Kollege 1
koleżanka ***f*** Kollegin, Freundin 1
komórka ***f*** Handy, Kammer, Zelle 3
komputer ***m*** **komputera** Computer 6
koncert ***m*** **koncertu** Konzert 6
konferencja ***f*** Konferenz 1
koniec ***m*** **końca** Ende 7
koniecznie unbedingt 8
kontrola ***f*** Kontrolle 7
kopalnia ***f*** Bergwerk 8
kościół ***m*** **kościoła** Kirche 6
Kościół Mariacki Marienkirche 8
kosztować ***ipf*** **-uję, -ujesz** kosten 3
koszulka ***f*** T-Shirt 5
kotlet ***m*** **kotleta** Kotelett 4
kotlet schabowy ***m*** Schweinekotelett 4
Kraków ***m*** **Krakowa** Krakau 1
kreska ***f*** Strich 3
krokiet ***m*** **krokieta** Krokette 4
kropka ***f*** Punkt 3
krople żołądkowe ***Pl*** Magentropfen 9
krótki, -a, -ie kurz 7
krótko kurz 7
krupnik ***m*** **krupniku** Graupensuppe, Honiglikör 4
kryształowy, -a, -e Kristall- 5
kto? wer? 1
który, -a, -e? welcher? 7
kupić ***pf*** **-ię, -isz** kaufen 5
kupować ***ipf*** **-uję, -ujesz** kaufen 7
kurs ***m*** **kursu** Kurs 6
kurs polskiego ***m*** Polnischkurs 6
kurtka ***f*** Jacke 5
kwatera prywatna ***f*** Unterkunft, Quartier 3
kwiat ***m*** **kwiatu** Blume 6
kwiatowy, -a, -e Blumen- 9
kwiecień ***m*** **kwietnia** April 10

L

ładnie schön 10
ładny, -a, -e schön 1
lampa ***f*** Lampe 3
lampka wina ***f*** ein Glas Wein 4
laryngolog ***m*** **laryngologa** HNO-Arzt 9
lato ***n*** Sommer 10
łazienka ***f*** Badezimmer 3
lek ***m*** **leku** Medikament 9
lekarka ***f*** Ärztin 6
lekarstwo ***n*** Medikament 9
lekarz ***m*** **lekarza** Arzt 6
lekcja ***f*** Lektion 1
lepiej besser 8
lepszy, -a, -e besser 9
leżeć ***ipf*** **leżę, leżysz** liegen 8
lipiec ***m*** **lipca** Juli 10
listopad ***m*** **listopada** November 10
lody ***Pl*** Speiseeis 4
lot ***m*** **lotu** Flug 7
lotnisko ***n*** Flughafen 7
łowić ***ipf*** **-ię, -isz** fangen, angeln 8
łóżko ***n*** Bett 9
lubić ***ipf*** **-ię, -isz** gern haben 4
luty ***Adj*** Februar 10

M

maj ***m*** **maja** Mai 10
mąka ***f*** Mehl 3
makaron ***m*** **makaronu** Nudeln 4
makowiec ***m*** **makowca** Mohnkuchen 4
malarz ***m*** **malarza** Maler 8
malina ***f*** Himbeere 9
malinowy, -a, -e Himbeer- 9

mało wenig 9
małpa ***f*** Affe, @-Zeichen 3
mały, -a, -e klein 2
małżeństwo ***n*** Ehepaar 6
mama ***f*** Mama 1
mandat ***m*** **mandatu** Strafzettel, Bußgeld 7
mapa ***f*** Landkarte 5
marzec ***m*** **marca** März 10
masło ***n*** Butter 4
matka ***f*** Mutter 6
mąż ***m*** **męża** Ehemann 6
Mazury ***Pl*** Masuren 8
mecz ***m*** **meczu** Match, Wettkampf 6
mecz piłki nożnej ***m*** Fußballspiel 6
metro ***n*** U-Bahn 2
mgła ***f*** Nebel 10
mi mir 1
miasto ***n*** Stadt 1
mieć -am, -asz haben 1
Międzyzdroje ***Pl*** Misdroy 8
miejsce ***n*** Platz 7
miejscówka ***f*** Platzkarte 7
miejscowość ***f*** Ortschaft 1
miękko weich 4
miesiąc ***m*** **miesiąca** Monat 10
mięsień ***m*** **mięśnia, mięśnie** Muskel 9
mięso ***n*** Fleisch 1
mieszkać ***ipf*** **-am, -asz** wohnen 6
mieszkanie ***n*** Wohnung 10
mieszkaniec ***m*** **mieszkańca** Bewohner 8
migacz ***m*** **migacza** Blinker 7
Mikołajki ***Pl*** Nikolaiken 8
miłego dnia einen schönen Tag 1
miłego tygodnia eine schöne Woche 1
miłego weekendu ein schönes Wochenende 1
miłego wieczoru einen netten Abend 1
miło nett, angenehm 1
Miło mi cię poznać! Nett, dich kennenzulernen! 1
miły, -a, -e nett, angenehm 1
minus ***m*** **minusa** minus 2
minuta ***f*** Minute 2
miód ***m*** **miodu** Honig 4
miód pitny ***m*** Honigwein 4
mizeria ***f*** Gurkensalat 4
mleko ***n*** Milch 4
młody, -a, -e jung Grammatik
młodzieżowy, -a, -e Jugend- 3
mniej weniger 9
mniejszy, -a, -e kleiner 9
móc, mogę, możesz dürfen, können 2
mój, moja, moje mein, meine, mein 1
mokka ***f*** Mokka 2
Momencik! ***m*** **momenciku** Einen kleinen Moment! 3
Monachium ***n*** München 1
morela ***f*** Aprikose 5
morze ***n*** Meer 1
most ***m*** **mostu** Brücke 9
mówić ***ipf*** **-ię, -isz** sprechen 2
może vielleicht 1
może być geht in Ordnung 3
Może mi pan/pani pomóc? Können Sie mir helfen? 2
można man kann, man darf 2
mróz ***m*** **mrozu** Frost 10
musieć, muszę, musisz müssen 5
musli ***Pl*** Müsli 4
muzeum ***n*** Museum 2
muzyka ***f*** Musik 6
my wir 1
mydło ***n*** Seife 3
myśleć ***ipf*** -ę, -isz denken 5

N

na auf, für, zu, in 1
na godzinę pro Stunde 7
na pomoc! Hilfe! 9
na razie bis bald 1
Na zdrowie! Zum Wohl! 6
nad an, über 8
nagle plötzlich 7
najlepszy, -a, -e bester 6
najpierw zuerst 5
namiot ***m*** **namiotu** Zelt 8
namiotowy, -a, -e Zelt- 3
napić się ***pf*** **napiję, napijesz** trinken 6
napiwek ***m*** **napiwku** Trinkgeld 4
naprawdę wirklich 3
nareszcie endlich 10
narodowy, -a, -e national 2
następny, -a, -e nächster 7
nasz, nasza, nasze unser, unsere, unser 1

natychmiast sofort 7
nauczyciel ***m*** **nauczyciela** Lehrer 6
nauczycielka ***f*** Lehrerin 6
nawet sogar 6
nazwisko ***n*** Familienname 3
nazywać się ***ipf*** **-am, -asz** heißen, sich nennen 1
nic nichts 1
nic nowego nichts Neues 1
nie nein, nicht 1
nie ma es gibt nicht 3
nie ma za co keine Ursache 2
nie szkodzi das macht nichts 5
niebieski, -a, -ie blau 5
niech żyje! es lebe! 6
niedaleko nicht weit 2
niedziela ***f*** Sonntag 6
Niemcy ***Pl*** Deutschland 1
Niemiec ***m*** **Niemca** Deutscher 6
niemiecki, -a, -ie deutsch 2
niemożliwe unmöglich 7
niepalący, -a Nichtraucher/-in 3
niespodzianka ***f*** Überraschung 10
niestety leider 2
nigdy nie 9
nigdzie nirgends 9
nikt niemand 9
no na, also, doch 1
no to also dann 1
noc ***f*** Nacht 1
nocleg ***m*** **noclegu** Übernachtung 3
noga ***f*** Bein 9
nos ***m*** **nosa** Nase 9
nowy, -a, -e neu 6
numer domu ***m*** Hausnummer 3
numer ***m*** **numeru** Nummer 3

O

o über, um 6
O co chodzi? Worum geht es? 3
o! och, ach 1
obiad ***m*** Mittagessen 3
obiadokolacja ***f*** warmes Abendessen 3
objazd ***m*** **objazdu** Umleitung 7
obojętnie egal 3
obowiązek ***m*** Pflicht 7
ochota ***f*** Lust 4
oczywiście selbstverständlich 2
od von, seit, ab 10
oddychać ***ipf*** **-am, -asz** atmen 9
odebrać ***pf*** **odbiorę, odbierzesz** abholen 3
odjazd ***m*** **odjazdu** Abfahrt 7
ognisko ***n*** Lagerfeuer 8
ogórek ***m*** **ogórka** Gurke 5
ogórkowy, -a, -e Gurken- 4
ogrzewanie ***n*** Heizung 3
oj! oh! 5
ojciec ***m*** **ojca** Vater 6
OK O.K. 3
okazja ***f*** Gelegenheit, Anlass 6
okno ***n*** Fenster 7
oko ***n*** **oczy** Auge 9
okulary ***Pl*** Brille 5
okulista ***m*** **okulisty** Augenarzt 9
olej napędowy ***m*** Dieselkraftstoff 7
ołtarz ***m*** **ołtarza** Altar 8
on er 1
ona sie (3. Person Singular) 1
one sie 3. (Person Plural Sachform) 1
oni sie (3. Person Plural Personalform) 1
ono es 1
opalać się ***ipf*** **-am, -asz** sich sonnen 8
opera ***f*** Oper 10
opóźnienie ***n*** Verspätung 7
ortopeda ***m*** **ortopedy** Orthopäde 9
oscypek ***m*** **oscypka** geräucherter Schafskäse 5
osiem acht 2
osiemdziesiąt achtzig 3
osiemnaście achtzehn 3
osiemnasty, -a, -e achtzehnter 7
ósmy, -a, -e achter 7
osoba ***f*** Person 4
Ośrodek Informacji Turystycznej ***m*** Informationsstelle für Touristen 2
ostatni, -ia, -ie letzter 7
ostatnio neulich, letztens 6
owoc ***m*** **owocu** Frucht 5

P

pączek ***m*** **pączka** Krapfen, Berliner 4
paczka ***f*** Päckchen, Packung, Paket 5
pada deszcz es regnet 10

pada śnieg es schneit 10
padać ***ipf*** **-am, -asz** regnen, fallen 10
palić ***ipf*** **-ę, -isz** rauchen, brennen 7
pamiątka ***f*** Andenken 8
pan ***m*** **pana, panowie** Herr 1
pani ***f*** Frau 1
państwo ***n*** Herrschaften (*Anredeform*), Land 1
papier ***m*** **papieru** Papier 3
papier toaletowy ***m*** Toilettenpapier 3
parę ein paar 5
parking ***m*** **parkingu** Parkplatz 2
parking strzeżony ***m*** bewachter Parkplatz 3
parówka ***f*** Wiener Würstchen 4
pas ***m*** **pasa** Taille, Gurt 9
pasować ***ipf*** **-uję, -ujesz** passen 5
paszport ***m*** **paszportu** Reisepass 3
październik ***m*** **października** Oktober 10
pediatra ***m*** **pediatry** Kinderarzt 9
penicylina ***f*** Penicillin 9
pensjonat ***m*** **pensjonatu** Pension 3
peron ***m*** **peronu** Bahnsteig 7
piątek ***m*** **piątku** Freitag 3
piąty, -a, -e fünfter 7
pić ***ipf*** **piję, pijesz** trinken 4
pięć fünf 2
pięćdziesiąt fünfzig 3
pieczywo ***n*** Backwaren 4
pięknie schön 6
piękny, -a, -e schön 6
pielęgniarka ***f*** Krankenschwester 6
pielęgniarz ***m*** **pielęgniarza** Krankenpfleger 6
pieniądze ***Pl*** Geld 2
piernik ***m*** **piernika** Lebkuchen 5
pieróg ***m*** **pierogu** Maultasche 4
pierwszy, -a, -e erster 2
piesi ***Pl Personalform*** Fußgänger 7
pieszo zu Fuß 7
piętnaście fünfzehn 3
piętnasty, -a, -e fünfzehnter 7
piłka nożna ***f*** Fußball 6
pisać ***ipf*** **piszę, piszesz** schreiben 8
piwo ***n*** Bier 2
PKP (Polskie Koleje Państwowe) polnische Staatsbahn 7
PKS (Polska Komunikacja Samochodowa) staatliches polnisches Busunternehmen 7
plac ***m*** **placu** Platz 2
plac zamkowy ***m*** Schlossplatz 2
płacić ***ipf*** **-ę, -isz** zahlen 3
plan ***m*** **planu** Plan 5
plan miasta ***m*** Stadtplan 5
płatki śniadaniowe ***Pl*** Frühstücksflocken 4
plaża ***f*** Strand 8
plecak ***m*** **plecaka** Rucksack 2
plecy ***Pl*** Rücken 9
plus ***m*** **plusa** plus 2
płynąć ***ipf*** **płynę, płyniesz** schwimmen, fließen 8
pływać ***ipf*** **-am, -asz** schwimmen 8
po an, auf, nach 2
po angielsku auf Englisch 2
po lewej stronie auf der linken Seite 2
po niemiecku auf Deutsch 2
po polsku auf Polnisch 2
po południu am Nachmittag 6
po prawej stronie auf der rechten Seite 2
po prostu ganz einfach 8
pobyt ***m*** **pobytu** Aufenthalt 3
pochmurno bewölkt 10
pochodzić ***ipf*** **-ę, -isz** kommen aus 8
pociąg ***m*** **pociągu** Zug 7
pociąg osobowy ***m*** Personenzug 7
pociąg pośpieszny ***m*** Eilzug 7
początek ***m*** **początku** Anfang 8
poczta ***f*** Post 5
podać ***pf*** **-am, -asz** bringen, servieren, geben, reichen 4
podobać się ***ipf*** **-am, -asz** gefallen 5
podpisać ***pf*** **podpiszę, podpiszesz** unterschreiben 3
podróż ***f*** Reise 7
pogoda ***f*** Wetter 10
pogotowie ratunkowe ***n*** Rettungswagen, Rettungsdienst 9
pojechać ***pf*** **pojadę, pojedziesz** hinfahren 8
pójść ***pf*** **pójdę, pójdziesz** gehen 6
pokazać ***pf*** **pokażę, pokażesz** zeigen 9
pokój dwuosobowy ***m*** Doppelzimmer 3
pokój jednoosobowy ***m*** Einbettzimmer 3
pokój ***m*** **pokoju** Zimmer 3
pół halb 5
pole ***n*** Feld 3
pole namiotowe ***n*** Zeltplatz 3
polecać ***ipf*** **-am, -asz** empfehlen 4
policja ***f*** Polizei 2

policjant *m* policjanta Polizist 6
policjantka *f* Polizistin 6
Polka *f* Polin 6
położyć się *pf* -ę, -ysz sich hinlegen 9
Polska *f* Polen 1
polski, -a, -ie polnisch 2
południe *n* Mittag, Süden 6
półwysep *m* półwyspu Halbinsel 8
pomarańczowy, -a, -e Orangen-, orange 4
pomidor *m* pomidora Tomate 5
pomidorowy, -a, -e Tomaten- 4
pomoc drogowa *f* Pannenhilfe 7
pomóc, *pf* pomogę, pomożesz helfen 2
pomocy! Hilfe! 9
poniedziałek *m* poniedziałku Montag 6
poprosić *pf* poproszę, poprosisz bitten 3
porządek *m* porządku Ordnung 4
postanowić *pf* -ię, -isz beschließen 10
poszukać *pf* -am, -asz suchen 7
potem dann 2
potwierdzenie *n* Bestätigung 3
powoli langsam 2
powrót *m* powrotu Rückkehr 9
powtórzyć *pf* -ę, -ysz wiederholen 2
poza tym außerdem 9
pozdrowienie *n* Gruß 8
późno spät 5
praca *f* Arbeit 6
pracować *ipf* -uję, -ujesz arbeiten 6
prawdopodobnie wahrscheinlich 10
prawo jazdy *n* Führerschein 7
prezent *m* prezentu Geschenk 5
problem *m* problemu Problem 3
program *m* programu Programm 1
prosić *ipf* proszę, prosisz bitten 1
prosto geradeaus 2
proszę bitte 1
prysznic *m* przysznica Dusche 3
prywatny, -a, -e privat 3
przed vor 3
przed południem am Vormittag 6
przede wszystkim vor allem 10
przejść *ipf* przejdę, przejdziesz hier: vergehen 9
przekroczyć *pf* -ę, -ysz überschreiten 7
przeliterować *pf* -uję, -ujesz buchstabieren 3
przepraszam Entschuldigung 1
przesiadka *f* Umsteigen 7
przeszłość *f* Vergangenheit 5
przewrócić się *pf* przewrócę, przewrócisz stürzen 9
przy an, bei 7
przyjazd *m* przyjazdu Ankunft 3
przyjechać *pf* przyjadę, przyjedziesz ankommen 9
Przyjemnego pobytu! Einen netten Aufenthalt! 3
przykład *m* przykładu Beispiel 8
przymierzyć *pf* -am, -asz anprobieren 5
przypłynąć *pf* przypłynę, przypłyniesz anlegen, ankommen 8
przystanek *m* przystanku Haltestelle 7
przyszłość *f* Zukunft 5
przyszły, -a, -e nächster 8
przytomny, -a, -e bei Bewusstsein 9
pstrąg *m* pstrąga Forelle 4
Punkt Informacji Turystycznej *m* Informationspunkt für Touristen 2
pyłki kwiatowe *Pl* Blütenpollen 9
pytać *ipf* -am, -asz fragen 10

R

rachunek *m* rachunku Rechnung 4
racja *f* Recht (recht haben) 5
radość *f* Freude 6
ranny, -a, -e verletzt 9
rano am Morgen 6
raz *m* razu eins, einmal, Mal 2
razem zusammen 10
ręcznik *m* ręcznika Handtuch 3
regularnie regelmäßig 10
ręka *f* ręce Hand 3
restauracja *f* Restaurant 1
reszta *f* Rest 4
rezerwacja *f* Reservierung 3
robić *ipf* -ę, -isz machen 6
rodzeństwo *n* Geschwister 6
rodzice *Pl* Eltern 6
rodzina *f* Familie 6
rogalik *m* rogalika Hörnchen 4
rok *m* roku, lata Jahr 6
rosół *m* rosołu Fleischbrühe 4
rower *m* roweru Fahrrad 7
rozebrać się *pf* rozbiorę, rozbierzesz sich ausziehen 9

rozkład jazdy ***m*** Fahrplan 7
rozmiar ***m*** **rozmiaru** Größe 5
rozmowa ***f*** Gespräch 1
rozmowa kwalifikacyjna ***f*** Vorstellungsgespräch 6
różny, -a, -e verschieden 4
różowy, -a, -e rosa 5
rozumieć ***ipf*** **-em, -esz** verstehen 2
ruchome wydmy ***Pl*** Wanderdünen 8
rynek ***m*** **rynku** Marktplatz 2
rzecz ***f*** Sache 5
rzeka ***f*** Fluss 8
rzeźbiarz ***m*** **rzeźbiarza** Bildhauer 8

S

sałatka ***f*** Salat 4
sam, sama, samo, sami, same selbst, allein 8
samochód ***m*** **samochodu** Auto 7
samolot ***m*** **samolotu** Flugzeug 7
sandacz ***m*** **sandacza** Zander 4
schronisko młodzieżowe ***n*** Jugendherberge 3
schronisko ***n*** Berghütte 3
ścieżka rowerowa ***f*** Fahrradweg 7
sekretarka ***f*** Sekretärin 6
sekretarz ***m*** **sekretarza** Sekretär 6
ser ***m*** **sera** Käse 4
serce ***n*** Herz 9
serdeczny, -a, -e herzlich 8
sernik ***m*** **sernika** Käsekuchen 4
siadać ***ipf*** **-am, -asz** sich hinsetzen 6
siedem sieben 1
siedemdziesiąt siebzig 3
siedemnaście siebzehn 3
siedemnasty, -a, -e siebzehnter 7
sierpień ***m*** **sierpnia** August 10
silny, -a, -e stark 9
siódmy, -a, -e sieb(en)ter 7
siostra ***f*** Schwester 6
skąd? woher? 1
skasować ***pf*** **-uję, -ujesz** entwerten 7
sklep ***m*** **sklepu** Geschäft 5
skrzyżowanie ***n*** Kreuzung 7
skwarki ***Pl*** Grieben, geröstete Speckwürfel 4
słabo schwach 9
słaby, -a, -e schwach 9
śliwka ***f*** Pflaume 5
słońce ***n*** Sonne 10
słonecznie sonnig 10
słówko ***n*** Vokabel 1
słuchać ***ipf*** **-am, -asz** hören 3
słucham ja, bitte (*am Telefon)* 3
słychać hören 1
słynny, -a, -e bekannt, berühmt 8
Smacznego! Guten Appetit! 4
smakować ***ipf*** **-uję -ujesz** schmecken 4
smakowało es hat geschmeckt 4
śmietana ***f*** Sahne 4
śniadanie ***n*** Frühstück 3
śnieg ***m*** **śniegu** Schnee 10
sobota ***f*** Samstag 6
sok ***m*** **soku** Saft 4
sól ***f*** Salz 8
Sopot ***m*** **Sopotu** Zoppot 1
spać ***ipf*** **śpię, śpisz** schlafen 8
spacerować ***ipf*** **-uję, -ujesz** spazieren gehen 8
spędzić ***pf*** **-ę, -isz** verbringen 10
spływ kajakowy ***m*** Kajaktour 8
spodnie ***Pl*** Hose 5
spokojnie ruhig 9
sport ***m*** **sportu** Sport 10
sprawa ***f*** Angelegenheit 8
środa ***f*** Mittwoch 6
środek komunikacji ***m*** Verkehrsmittel 7
stać się ***pf*** **stanę, staniesz** passieren, werden 9
stacja benzynowa ***f*** Tankstelle 7
stary, -a, -e alt 2
sto hundert 1
stoisko ***n*** Stand 5
stoisko z owocami ***n*** Obststand 5
stół ***m*** **stołu** Tisch 4
stolica ***f*** Hauptstadt 7
stolik ***m*** **stolika** Tisch (*im Restaurant),* Tischchen 4
stomatolog ***m*** **stomatologa** Zahnarzt 9
strasznie schrecklich 4
strona ***f*** Seite 7
student ***m*** **studenta** Student 6
studentka ***f*** Studentin 6
studiować ***ipf*** **-uję, -ujesz** studieren 6
styczeń ***m*** **stycznia** Januar 10
Sukiennice ***Pl*** Tuchhallen 2
super super 8
surówka ***f*** Rohkostsalat 4

sweter *m* **swetra** Pullover 5
światła długie *Pl* Fernlicht 7
światła mijania *Pl* Abblendlicht 7
światła *Pl* Ampel 7
światła stopu *Pl* Bremslicht 7
światło *n* Licht 7
świetnie ausgezeichnet 5
świeży, -a, -e frisch 4
syn *m* **syna** Sohn 6
syrop malinowy *m* Himbeersirup 9
szalik *m* **szalika** Schal 5
szampan *m* **szampana** Champagner, Sekt 4
szanowny -a, -e verehrte, geehrte 10
szarlotka *f* Apfelkuchen 4
szary, -a, -e grau 5
Szczecin *m* **Szczecina** Stettin 1
szczęście *n* Glück 6
Szczęśliwej podróży! Gute Reise! 7
szczęśliwy, -a, -e glücklich 7
sześć sechs 2
szeroki, -a, -ie breit 7
Szerokiej drogi! Gute Reise! 7
sześćdziesiąt sechzig 3
szesnaście sechzehn 3
szesnasty, -a, -e sechzehnter 7
Szklarska Poręba *f* Schreiberhau 8
szkoda schade 2
szkoła *f* Schule 6
szósty, -a, -e sechster 7
szpital *m* **szpitala** Krankenhaus 9
szukać *ipf* **-am, -asz** suchen 5
szwedzki, -a, -ie schwedisch 4
szybki, -a, -ie schnell 9
szybko schnell 3
szybkość *f* Geschwindigkeit 7

T

ta diese (1. Person Singular) 2
tak ja, so 1
tak sobie so lala 8
taki, -a, -ie solcher 9
tam dort 2
taniec *m* **tańca** Tanz 10
tata *m* **taty** Papa 6
Tatry *Pl* Tatra 8
te diese (1. Person Plural Sachform) 2
teatr *m* **teatru** Theater 6
telefon komórkowy *m* Handy 3
telefon *m* **telefonu** Telefon 1
telewizor *m* **telewizora** Fernseher 3
temu (dwa/trzy lata temu) vor (zwei/drei Jahren) 8
ten dieser 2
teraz jetzt 1
też auch 3
to es, das, dieses 1
toaleta *f* Toilette 3
tor *m* **toru** Gleis 7
torba *f* Reisetasche, Einkaufstasche 2
tort *m* **tortu** Torte 4
Toruń *m* **Torunia** Thorn 8
tramwaj *m* **tramwaju** Straßenbahn 7
tramwajowy, -a, -e Straßenbahn- 5
trochę ein wenig, ein bisschen 2
trójkąt ostrzegawczy *m* Warndreieck 7
truskawka *f* Erdbeere 5
trzeci, -ia, -ie dritter 7
trzy drei 2
trzydzieści dreißig 3
trzynaście dreizehn 3
trzynasty, -a, -e dreizehnter 7
tu hier 2
tutaj hier 2
twarożek *m* **twarożku** Frischkäsezubereitung 4
twój, twoja, twoje dein, deine, dein 1
ty du 1
tydzień *m* **tygodnia, tygodnie** Woche 1
tylko nur 2

U

u bei 5
ucho *n* **uszy** Ohr 9
uczulony, -a, -e allergisch 9
ulica *f* Straße 1
umieć *ipf* **-em, esz** können 8
Uniwersytet Jagielloński Jagiellonen-Universität 8
uniwersytet *m* **uniwersytetu** Universität 8
uprawiać sport *ipf* **-am, -asz** Sport treiben 10
urlop *m* **urlopu** Urlaub 8
uroczy, -a, -e bezaubernd 8
urodziny *Pl* Geburtstag 6

urządzać *ipf* **-am, -asz** einrichten, machen 10
uszko *n* „Öhrchen", d. h. kleine Maultasche 4
uwaga *f* Achtung, Bemerkung 2
uważać *pf* **-am, -asz** aufpassen 9

W

w in, an 1
W czym mogę pomóc? Womit kann ich helfen? 3
w galerii handlowej im Einkaufszentrum 5
w hotelu im Hotel 3
w lewo nach links 2
w nocy in der Nacht 6
w ogóle im Allgemeinen, überhaupt 9
w podróży unterwegs 7
w południe am Mittag 6
w prawo nach rechts 2
w sam raz gerade richtig, genau 10
w takim razie in diesem Fall 9
w Warszawie in Warschau 1
w zeszłym roku im vergangenen Jahr 8
wakacje *Pl* Ferien 8
walizka *f* Koffer 2
Warszawa *f* Warschau 1
warsztat samochodowy *m* Autowerkstatt 7
wasz, wasza, wasze euer, eure, euer 1
Wawel *m* **Wawelu** Name des Hügels und des Königsschlosses in Krakau 8
ważny, -a, -e wichtig 1
wazon *m* **wazonu** Vase 5
wczoraj gestern 8
we in, am 6
wędlina *f* Aufschnitt, Wurstwaren 4
wędrować *ipf* **-uję, -ujesz** wandern 8
weekend *m* **weekendu** Wochenende 3
wejście *n* Eingang 5
wezwać *pf* **wezwę, wezwiesz** rufen, herbeiholen 9
wiać *ipf* **wieje** wehen 10
wiatr *m* **wiatru** Wind 10
widokówka *f* Ansichtskarte 5
widzieć *ipf* **-ę, -isz** sehen 8
więc also 10
wieczór *m* **wieczoru/wieczora** Abend 1
wieczorem am Abend 6
wiedzieć *ipf* **wiem, wiesz** wissen 2
wieje wiatr es weht ein Wind 10
wiek *m* **wieku** Jahrhundert, Alter 8
większy, -a, -e größer 9
wiele viel, viele 8
wino *n* Wein 4
wino wytrawne *n* ein trockener Wein 4
wiosna *f* Frühling 10
witać *ipf* **-am, -asz** begrüßen 1
witam ich grüße Sie, hallo, willkommen 1
wkrótce bald 7
włączyć *pf* **-ę, -ysz** einschalten 7
woda *f* Wasser 3
woda mineralna *f* Mineralwasser 4
wódka *f* Wodka 4
wolno man darf, langsam 7
wolny, -a, -e frei 3
wreszcie endlich 7
Wrocław *m* **Wrocławia** Breslau 1
wrzesień *m* **września** September 10
wspaniale hervorragend 10
wszędzie überall 3
Wszystkiego najlepszego! Alles Gute! 6
wszystko alles 1
wszystko jedno es ist mir egal 7
wtorek *m* **wtorku** Dienstag 6
wujek *m* **wujka** Onkel 6
wujostwo *n* Onkel und Tante 6
wy ihr 1
wybrać *pf* **wybiorę, wybierzesz** wählen 4
wycieczka *f* Ausflug 10
wyglądać *ipf* **-am, -asz** ausschauen 6
wyjście *n* Ausgang 5
Wyobraź sobie! Stell dir vor! 8
wypadek *m* **wypadku** Unfall 10
wypełnić *pf* **-ię, -isz** ausfüllen 3
wypocząć *pf* **wypocznę, wypoczniesz** sich erholen 8
wysiąść *pf* **wysiądę, wysiądziesz** aussteigen 7
wziąć *pf* **wezmę, weźmiesz** nehmen 3

Z

z aus, mit 1
z Austrii aus Österreich 1
z Berlina aus Berlin 1
z kreską mit Strich 3
z Niemiec aus Deutschland 1
z ogonkiem mit Häkchen (diakritisches Zeichen) 3

z Polski aus Polen 1
z Salzburga aus Salzburg 1
z tobą mit dir 10
za für, hinter, zu, in 3
ząb, *m* zęba, zęby Zahn 3
zabytek *m* zabytku Sehenswürdigkeit 8
zacząć *pf* zacznę, zaczniesz beginnen 3
zaczynać się *ipf* -am, -asz beginnen 10
zajęty, -a, -e besetzt, beschäftigt 6
załatwić *pf* -ię, -isz erledigen 3
zamek *m* zamku/-a Schloss 3
zapalenie wyrostka robaczkowego *n* Blinddarmentzündung 9
zaparkować *pf* -uję, -ujesz parken 3
zapisać *pf* -szę, -esz einschreiben, anmelden 10
zapłacić *pf* -ę, -isz bezahlen 7
zapraszać *ipf* -am, -asz einladen 1
zaraz gleich 3
zarezerwować *pf* -uję, -ujesz reservieren 3
zatrucie pokarmowe *n* Lebensmittelvergiftung 9
zawsze immer 2
zbadać *pf* -am, -asz untersuchen 9
zbierać *ipf* -am, -asz sammeln 8
zbudować *pf* -uję, -ujesz bauen 8
zdjęcie *n* Foto 6
zdrowie *n* Gesundheit 6
zdrowy, -a, -e gesund 9
ze mit 3
że dass 4
żeglować *ipf* -uję, -ujesz segeln 8
zemdleć *pf* zemdleję, zemdlejesz ohnmächtig werden 9
zepsuty , -a, -e kaputt 3
zero null 2
zielony, -a, -e grün 5
ziemniak *m* ziemniaka Kartoffel 4
zima *f* Winter 10
zimno kalt 1
zimny, -a, -e kalt 8
zjeść, *pf* zjem, zjesz essen 4
złamać *pf* złamię, złamiesz brechen 9
źle schlecht 1
złotówka *f* 1-Złoty-Münze 3
złoty, -a, -e golden, Zloty 3
zły, -a, -e schlecht, böse 9
zmienić *pf* -ę, isz wechseln 6
znać *ipf* -am, -asz kennen 10
znaczek *m* znaczka Briefmarke 5
znajdować się *ipf* - uję, -ujesz sich befinden 8
zobacz! schau! 5
zobaczyć *pf* -ę, -ysz anschauen 5
żołądek *m* żołądka Magen 9
żołądkowy, -a, -e Magen- 9
żółty, -a, -e gelb 5
żona *f* Ehefrau 6
zrobić *pf* -ę, -isz machen 7
zupa *f* Suppe 4
zupa ogórkowa *f* Salzgurkensuppe 4
zupa grzybowa *f* Pilzsuppe 4
żurek *m* żurku Roggenschrotsuppe 4
zwiedzać *ipf* -am, -asz besichtigen 7
zwiedzić *pf* -ę, -isz besichtigen 7
zwolnij! fahr langsamer! 7
zwrot *m* zwrotu Redewendung 1
zwykle gewöhnlich 8
żyć *ipf* -ę, -esz leben 6
życie *n* Leben 6
życzyć *ipf* -ę, -ysz wünschen 6

S. 3: von oben © iStockphoto/Mlenny Photography; © Thinkstock/iStockphoto; © PantherMedia/Dmitrijs Dmitrijevs
S. 4: von oben © iStockphoto/bowdenimages; © Caro/Bastian; © Thinkstock/Wavebreak Media; © fotolia/remik44992
S. 5: von oben © fotolia/Detlef; © iStockphoto/diego cervo; © Thinkstock/FogStock
S. 9: © iStockphoto/Mlenny Photography
S. 10: © Thinkstock/Stockbyte
S. 12: © Thinkstock/iStockphoto
S. 13: © Thinkstock/iStockphoto
S. 15: oben © iStockphoto/shapecharge; unten © iStockphoto/simazoran
S. 16: © Thinkstock/iStockphoto
S. 19: Breslau © Thinkstock/iStockphoto
S. 21: Warschau, Kulturpalast © fotolia/udra11
S. 23: © Thinkstock/iStockphoto
S. 24: Krakau, Tuchhallen © Thinkstock/iStockphoto
S. 26: © fotolia/Rafał Olechowski
S. 27: Warschau, Ulica Krakowskie Przedmieście © Danuta Malota
S. 28: Warschau, Schlossplatz © Thinkstock/Zoonar
S. 29: © iStockphoto/bibi57
S. 30: Kattowitz, Flughafen © iStockphoto/VLIET
S. 32: © Thinkstock/iStockphoto
S. 35: Warschau © Danuta Malota
S. 37: © PantherMedia/Dmitrijs Dmitrijevs
S. 39: © Thinkstock/iStockphoto
S. 41: © iStockphoto/ImagesbyTrista
S. 42: © Thinkstock/Stockbyte/George Doyle
S. 44: © fotolia/Irina Magrelo
S. 45: © iStockphoto/ewg3D
S. 48: Zoppot, Grand Hotel © Thinkstock/iStockphoto
S. 49: © Danuta Malota
S. 50: © fotolia/contrastwerkstatt
S. 51: © Thinkstock/iStockphoto
S. 53: © iStockphoto/bowdenimages
S. 54: © Danuta Malota
S. 56: © Danuta Malota
S. 57: Krakau © iStockphoto/Tashka
S. 59: Bigos © iStockphoto/cislander
S. 60: © Danuta Malota
S. 61: Wodka Żubrówka © iStockphoto/AK2
S. 63: Krakau, Pierogarnie © iStockphoto/rafalkrakow
S. 64: © fotolia/Malgorzata Kistryn
S. 66: Piroggen © Thinkstock/iStockphoto
S. 67: © iStockphoto/FredFroese
S. 69: Galeria Malta, Posen © Caro/Bastian
S. 70: © ddp images
S. 71: Krakau © iStockphoto/martin-dm
S. 72: © Thinkstock/Wavebreak Media
S. 74: Bernsteinschmuck © Thinkstock/iStockphoto
S. 76: Bernsteinring © Thinkstock/iStockphoto
S. 78: © iStockphoto/AvailableLight
S. 80: © iStockphoto/Squaredpixels
S. 82: © Caro/Andreas Bastian
S. 83: © iStockphoto/vgajic
S. 85: © Thinkstock/Wavebreak Media
S. 86: © iStockphoto/PhotoInc
S. 87: © iStockphoto/choja
S. 89: © iStockphoto/3bugsmom
S. 90: oben Thorn, Nikolaus-Kopernikus-Universität © iStockphoto/nessaflame; unten © iStockphoto/webphotographeer
S. 92: Warschau, Nationalstadion Kazimierz Górski © iStockphoto/Madzia71
S. 95: © Thinkstock/iStockphoto
S. 97: Thorn © Thinkstock/iStockphoto
S. 99: © Thinkstock/iStockphoto
S. 101: © fotolia/remik44992
S. 102: © imago/Super Express
S. 103: Verkehrszeichen © www.skm.pkp.pl; Objazd © Danuta Malota
S. 104: © fotolia/Piotr Marcinski
S. 105: © iStockphoto/fotokon
S. 107: © iStockphoto/remik44992
S. 108: Warschau, Wilanów © Thinkstock/iStockphoto; unten © iStockphoto/skynesher
S. 109: Białystok © iStockphoto/tupungato
S. 110: Warschau, Syrenka © iStockphoto/nikitje
S. 113: © iStockphoto/spooh
S. 114: © iStockphoto/danilovi
S. 115: © Shotshop.com/markus hoetzel
S. 117: Zachodniopomorskie © fotolia/Detlef
S. 119: Krakau, Tuchhallen © iStockphoto/ppart
S. 121: Krakau, Wawel © Thinkstock/iStockphoto
S. 122: Zachodniopomorskie © Thinkstock/iStockphoto

S. 124: Tatra © iStockphoto/Imgorthand
S. 125: Masuren © iStockphoto/ewg3D
S. 126: Nikolaiken © Thinkstock/iStockphoto
S. 127: Masuren © Thinkstock/iStockphoto
S. 132: Breslau © Thinkstock/iStockphoto
S. 133: © iStockphoto/puchan
S. 135: © iStockphoto/diego cervo
S. 136: © Thinkstock/iStockphoto
S. 137: © Thinkstock/Stockbyte/George Doyle
S. 139: © Danuta Malota
S. 140: © Thinkstock/Wavebreak Media
S. 142: © Thinkstock/Hemera
S. 143: © iStockphoto/Gosiek-B
S. 145: © Thinkstock/iStockphoto
S. 148: © iStockphoto/mangostock
S. 151: © Thinkstock/FogStock
S. 152: © Thinkstock/iStockphoto
S. 154: Marienburg © Thinkstock/iStockphoto
S. 155: © Thinkstock/iStockphoto
S. 156: © Thinkstock/iStockphoto
S. 158: Warschau , Oper © Thinkstock/Hemera
S. 159: Ostsee © Shotshop.com/Dase Philipp
S. 162: Wettersymbole © fotolia/Timurock;
Wolken © fotolia/tiliagraphics
S. 164: Breslau © Thinkstock/iStockphoto
S. 165: Ostsee © Thinkstock/Zoonar